# 人生を変え夢を実現させるための読書術

## 発想脳を刺激するすごい読み方

夢実現応援家®
藤由達藏
Fujiyoshi Tatsuzo

YUSABUL

# はじめに

## 自由に扱える時間が増えたはず…。

2020年から2021年にかけて、「新型コロナ・ウイルスの流行」を根拠に、緊急事態宣言が二度も出され、世の中では外出の自粛やリモート・ワーク、テレワークといったはたらき方や暮らし方が推奨されるようになってきました。これまでの、外出してお金を使うという経済スタイルが、自宅に居ながらにして消費する「巣ごもり経済」へと変わってきているようです。

家に居る時間が長くなれば、自宅を快適な空間にしたいと思うのも自然なことです。そんなときには『心がときめく片付けの魔法』（近藤麻理恵著　サンマーク出版）を読み返したくなる人もいると聞きます。

家がきれいになれば、心も整えたくなります。そうすると、瞑想だとかヨガなどに興味を持つ人もいらっしゃるでしょうし、自宅でのエンターテインメントを充実させようと、ストリーミング動画サイトの契約者数が増えたようです。その流れのなかで、『鬼滅の刃』（吾峠呼世晴

著　集英社）もマンガとアニメ、劇場公開用映画でたくさんの読者を獲得し、２０２０年には一大ブームとなりました。

そこではたと気づきます。これまで、

「本は読みたいけれど、時間がない」
「本を持ち歩くのは面倒だから、スキマ時間があっても読めない」
「本屋さんが減ってしまって、本と出会う機会がない」

と嘆いていた人々は、今、どうしているだろうか、と。読書時間は増やせたのでしょうか。せっかく通勤の必要がなくなり、自由に使える時間が増えたのに、読書以外のことに使っているとしたら、とてももったいないことです。

どうしてもったいないのか。

読書には世界を変える力があるからです。

本書では、その効用やメリットを説明し、どのように読書していけばいいのか、読書の真の目的とは何かについて説明していきたいと思います。

なぜなら、もしもあなたが今まで忙しくて本を手に取る気持ちの余裕がなく、読書の習慣もついていなかったとしても、これからの時代を生き抜くために、本を少しでも読んで人生を好転させていってほしいと思うからです。

振り返れば、私の人生は、本と出会うことで、大きく変わってきました。

子どもの頃に『マンガの描き方』（手塚治虫著　光文社）を読んでマンガを描き始め、エドガー・ライス・バローズの『火星のプリンセス』（創元推理文庫ＳＦ）の武部本一郎画伯の表紙絵に感銘を受けてイラストを描くようになり、『謎の拳法を求めて』（松田隆智著　東京新聞出版局・日貿出版社）を読んで武術を始め、『極私的《きょくしてき》現代詩入門』（鈴木志郎康著　思潮社）を読んで詩を書き始めました。

20代の頃、私は会社に就職して営業をしながらも、自分は何をしたいのか、について悩んでいました。大学時代は詩ばかり書いていて「俺は詩人だ」と豪語し、「いつか自分の詩集を出す」と息巻いていました。しかし、社会人となって仕事をするうちに現実と真正面からぶつかり、「詩を書いていて何になるのか。本当は何をしたいのか？」という悩みの淵に落ち込んでしまったのです。いわゆるアイデンティティの危機でした。

そんなときに出会ったのが、『まだ見ぬ書き手へ』（丸山健二著　朝日新聞出版）でした。

もしもあなたが若く、あれこれやっても面白くなく、次元の低い社会に身を投じてくだらないごたごたに巻き込まれながら泳いでゆくことがばかばかしく思え、要するに、この世にうまく馴染むことができず、それでも自分一人の裁量で何か創造的な仕事に没頭したいという情熱がある者だったなら、ぜひとも私の話を最後まで聞いてもらいたいのです。

こんな言葉に衝撃を受けました。一読して、社会的には自信がないくせに、尊大で傲慢な自我をくすぐられ、同時に地道に書くことの絶対的な重要性が説かれ、奮い立ったのを覚えています。私は一念発起し、毎朝早起きして会社に行く前の2時間ほどを使って、小説を書く生活を始めました。

その生活を何年も続け、「文章を書いて暮らしていきたい」という思いがどんどん強くなっていきました。労働組合の仕事についたことをきっかけに、議事録・新聞・レポート・案内文・議案など「とにかく何でも書く」という覚悟で公私ともに文章を書く生活をして研鑽を重ねていきました。

30代になり、『サイキック・スパイ』（ジム・シュナーベル著　扶桑社）、『魂の体外旅行』（ロバート・モンロー著　日本教文社）、『「臨死体験」を超える死後体験』（坂本政道著　ハート出版）などの本に出会い、アメリカのモンロー研究所に行って、ヘミシンク（音響技術を使った瞑想システム）を学びました。そこから心の世界に興味を持ち、『成功するのに目標はいらない！』（平本相武著　こう書房）を読んでプロコーチ養成スクールに通い、コーチングを身につけました。

本をきっかけに、アメリカに行ってまで学んだヘミシンクでは、数年後にモンロー研究所公認アウトリーチ・トレーナーとなり、コーチングは夢実現応援家®という仕事になりました。

そして「文章を書いて暮らしていきたい」という思いは、拙著『結局、「すぐやる人」がすべてを手に入れる』（青春出版社）を皮切りに、お客さまの夢実現を応援する著者としての活動に結実し、現在にいたります。

それ以外にもたくさんの本が私を導いてくれました。そしてそのたびに、行動してきました。人生に迷ったとき、本が灯台の役割を果たし、これから進むべき方向を照らし出してくれたのです。

本は私たちの「発想脳」を刺激し、人生を導いてくれます。私たちが本を読み、それに適切に応答し自ら決断し行動することによって、人生は真の姿を現します。

本書がきっかけとなって、あなたが本との対話を徹底的に「楽しみ」、より一層豊かな人生を歩むことができたら、これほど嬉しいことはありません。

夢実現応援家® 藤由達藏

# 目次

## 第2章 読書は知的なフィットネス！

## 第3章 さらに奥深い本の読み方

## 第4章　夢を実現させる読み方

## 第5章 読書が人生を変える

装幀　米谷テツヤ
本文デザイン　白根美和

# 第1章

# 読書のすごいところ

# なぜ人は読書をするのか？

「なぜ本なんか読むのだろうか？」

本を読まなくても人は死にません。本よりも空気、大地、水、食料、生命を維持する自然環境のほうが大事です。何よりも食べなければ生きていけません。空腹では何もできません。

では、空腹を満たし、食事さえできればいいのでしょうか。

そうではありません。食べられるようになれば、

「栄養のあるおいしい料理を食べたい」

そう思うことでしょう。

本を読みたいという気持ちとはこれと同じです。

社会的な動物である人間は、言葉を使って生活しています。単に意思疎通ができればいいのか、といえばそういうものでもありません。

面白い話を聴けば楽しいし、美しい言葉遣いをすれば心がさわやかになります。ひどい言葉に傷つき、熱い言葉に涙することもあるでしょう。人とのコミュニケーションをきっかけにし

て、自分を客観的に分析したり、自分自身と対話するようにもなります。

なんともいえない感覚を言葉に表したくもなったり、誰かに自分の気持ちを伝えたり、他人の気持ちを理解したくなったり、思考をもっと明確にしたくなったり、言葉を使いこなしたいと思ったりするようにもなります。

そうやって言葉の世界の豊かさを感じ取るようになると、もっと言葉の世界を豊かにしたいという気持ちも出てくるものです。

そんな気持ちを満たしてくれるのが「本」です。

本は言葉の世界における、栄養価の高い、おいしい料理のようなものです。

しかもこの知的な料理は、非常に安価です。文庫本などは数百円です。数千円、そして数万円もする高価な書籍にしても、そこから得られる知識と知恵はその内容の価値からすれば安いものです。同じ金額を支払って本以外の方法で同じ知識と知恵を得ることはほとんど不可能でしょう。

栄養価（価値）が高く、おいしい（面白い）ものを食べず（読まず）にいられるのは、そういうものを食べた（読んだ）ことがない人だけです。その味を知ってしまったら食べず（読まず）にはいられません。また食べ（読み）たい、もっと食べ（読み）たいと思うからです。

## 年収と読書量の相関関係

以前、プレジデント誌（2012・4・30号）に「年収別の読書傾向調査」が掲載されていました。

「調査は、1002人のビジネスマンを対象に行い、年収500万、800万、1500万それぞれ334人ずつから回答を得た。年収によって若干年齢層に偏りがあり、500万と800万のボリュームゾーンは40代、1500万は50代が中心である。」

回答者の属性をおおまかにいうと、**「500万は一般社員、800万は課長・係長クラス、1500万は部長以上に、医師、弁護士、会計士などのいわゆる「士族」が少数混じっている」**という対象者に実施されたものです。興味深い結果が出ています。

年収別の1日の平均読書時間について、40歳以上の回答者に限定して、年収ごとにまとめられています。

●年収1500万円以上の人
30分以上……………41・5%
5分以上30分未満…40・2%
5分未満……………18・3%

●年収　800万円台の人
30分以上……………23・8%
5分以上30分未満…44・6%
5分未満……………31・5%

●年収　500万円台の人
30分以上……………16・1%
5分以上30分未満…38・5%
5分未満……………45・4%

すべて40歳以上の人のデータです。その上で、年収が高い人のほうが、低い人よりも読書時間を長く取っていることがわかります。

このほか「月に何冊の本を読むか」「本や雑誌に月にいくら使うか」「読書が習慣になっているか」などの質問もあり、いずれも、年収が高い人のほうが低い人よりも、月に本を読む量も購入する量も多く、読書の習慣もあるという結果が出ています。

そして、年収が高い人のほうが、「いつもカバンに本が入っている」人が多く、「読書の時間をつくっている」人が多く、「就寝前」や「スキマ時間も読書にあてている」と回答する人が多いという結果が出ていました。

この調査結果を乱暴にまとめてしまうと、40歳以上の人で、年収の高い人は読書の習慣があり、本をよく読んでいて、年収の低い人は読書の習慣があまりなく、本をあまり読んでいない、ということです。

プレジデント誌編集部は、「読書と年収に明らかな相関関係があることを示している。むろん、読んだら稼げるようになるという因果関係は証明できない。しかし、データが語りかけてくる事実はあまりにも残酷だ」とまとめています。

この結果をどう受けとめるかは私たち次第です。

人生100年時代において40歳以上ということは、人生も半ばにさしかかろうとしている世代からそれ以上の年齢層です。

そういった意味で考えてみると、40歳以上の人の年収というのは、その歳になるまでの実績や経験と学びによって決まるものだと考えていいでしょう。決して、瞬間的な幸運によって得られるものではありません。

また、40歳以上の人の読書習慣も、本人がそれまでにどのように本と付きあってきたかによるものです。40歳以上の人が、寸暇を惜しんで本を読んでいるとしたら、それは若い頃からそのように読んできたことでしょう。

読書時間も読書量もどれだけあれば十分かは、人により、仕事により、人生で目指すところにもよることで、一概にどうあるべきだとはいえません。

しかし、忙しくて時間がないのは誰でも一緒です。

時間的な余裕がなくても、寸暇を惜しんで読書時間を捻出し、本を読み、知識をつけ、知恵を磨いている人がいるのです。40歳以上で、年収の高い人には、そういう人が多いということです。

本はいつでもどこにでも持ち運び可能で、知識を得、知恵を磨くのにうってつけの便利なツールです。

調査の回答者も、年収を上げるために本を読んだと思っている人がいるかどうかはわかりません。しかし本のある生活を送ってきた人の年収は高いのです。それが「読書と年収に明らかな相関関係がある」ということなのです。

これは編集部のいうように「残酷」なことなのでしょうか。

私はそうは思いません。なぜならば、

「なんだ、本は読んだほうがいいみたいだな」

と軽やかに考えて、本を開くこともできるからです。私たちは、決して可能性から排除されてはいないのです。

## 体系的な情報が手に入る

「本なんて読まなくたって、ネットで調べればそれで済んじゃいますよ」

ちょっと調べたいことをインターネットで検索すると、Wikipediaやまとめサイトにあたります。情報を映像にまとめて発信しているYouTube動画が出てくることもあります。

情報を収集し、整理し、短くまとめてくれていると大変助かります。自分で情報を収集・整理し、まとめる手間が省けるからです。

しかし「もっとくわしく知りたい」とか「もっと深い情報を得たい」と思うこともあります。そんなときに、ネット上の何百ページにもわたる膨大な記事を読めといわれたらどうでしょうか。とても億劫です。なかなか読む気になりません。

ネットは、いつでも他のページに移動できてしまうという特性上、じっくりと腰を据えて同じ記事を読み続けるのは非常に困難です。これはネットの限界です。

だからネットの情報はできるかぎりコンパクトに短くまとめられたものしかないのです。

その点、本は違います。本なら、落ち着いてずっとそこに留まって読むことができます。日をまたいで少しずつ読み進めることもできます。一度に完読しなくてもいいので、何十ページあろうが、上中下3冊に分かれていようが、栗本薫の「グインサーガ」のように100冊を優に超えるシリーズであろうが、自分のペースで落ち着いて読むことができます。

そもそも本というものは、通常100ページ以上はあり、一気に読み終えることを想定していません。そのかわり、いつでも戻ってこられるようになっています。

仮に途中で気が散ってページを閉じてしまったとしても、しおりを挟んでおけば、パッと開けます。しおりがなくてもパラパラとめくれば、元の場所に戻るなどたやすいことです。いつ読むのを中断してもいいし、いつ再開してもいいのが本のよさです。

少し深く調べようとする場合、ネットはサイトによって内容が重複していたり、信頼性の低い情報も混じっています。正しい情報にたどり着くためにかえって効率が悪いことも多いのです。

手軽にちょっと深い知識を得ようと思ったら、新書を読むといいでしょう。

新書は、文庫本より少し大きめの掌サイズの小冊子です。あるテーマについての専門知識を、一般人に向けてわかりやすくまとめています。書き手にはその道の専門家が多いので、最新で最高の知識がコンパクトにまとめられていて、とても便利です。

ちなみに、大学受験予備校の現代国語の先生は「大学受験の現代国語の問題を解く力をつけたければ、新書をたくさん読むといい」とおっしゃっていました。新書レベルの文章がすらすら理解できれば、大学受験の現代国語の問題を解くことは簡単なのだそうです。

新書の文章は、簡潔で論理的なものが多く、社会人が理解でき、なおかつお手本とすることもできる標準的なレベルの文章が多いからです。また内容も、私たちが知っておいてよい基礎的な事項をしっかり説明しているものが多いので、大学受験のためのみならず、一般常識をつけるためにも適しています。

社会人が、手軽に新聞以上に深い知識を得たいと思うなら、新書を読むべきです。知識を得ながら読解力も磨かれます。

ネットの情報も本も新聞も、質や精度や鮮度に違いはあれど、いずれも人間が書いたものです。工夫をすれば、相互に補完しあうようにうまく取り扱うこともできるのです。

出口治明氏（立命館アジア太平洋大学学長）も次のように書いています。

まとまった知識は、本から得る。直近のニュースは、新聞で得る。そして、百科事典の代わりにインターネットを使う。それが僕の基本的な使い分け方です。

（『本の「使い方」』出口治明著　ＫＡＤＯＫＡＷＡ）

現代人は断片的なネット情報に偏りがちです。今一度、本を読む比率を増やせばバランスが取れるようになります。

新書を読んで、その分野についての知見になじみができたら、さらに深く知りたいと思うかもしれません。そのときは、専門書にチャレンジしてみましょう。書店の分野別専門書のコーナーに行けば、たくさんの専門書に出会えます。

あるいは講談社学術文庫やちくま学芸文庫、角川ソフィア文庫などのシリーズでは、いわゆる一流の学者による専門書を文庫サイズで読めるようになっているので、そちらを利用してもいいでしょう。

## 本は情報の圧縮装置だ

「1粒でレモン10個分のビタミンC！」

というキャッチコピーがあります。ビタミンCは摂りたいけれど、レモンを10個食べるのは大変。でも、タブレットキャンディを1粒なめるのは簡単だ、というわけです。レモンに含まれるエッセンス（ビタミンC）を凝縮してひとつのタブレットキャンディに入れているということです。

ビタミンCのタブレットキャンディと同様に、本には圧縮された知識と知恵が入っています。パソコンの世界にたとえるなら、本は、圧縮ファイルのようなものです。ただそこにあるだけでは、内容を知ることができません。しかし読むという解凍行為によって、その内容をつまびらかに知ることができます。

本が圧縮装置であるのは、情報を圧縮するという、言葉の性質によるものです。

たとえば、大空の複雑な事象を一言で「晴れ」とか「雨」といえたり、人間の持つ本来は微妙で複雑な感情を「喜び」や「悲しみ」と名指すことができるのは言葉の持つ、不思議で便利な性質によるものです。この言葉の性質を利用して、経験を圧縮し、伝達の役に立てているのが「本」なのです。

実際、1冊の本には、いくつものことが圧縮されています。

まず、テーマに関する「知識」が圧縮されています。たとえば吉田松陰について書かれた本には、吉田松陰という人物のエッセンスが圧縮されて書かれています。

次に、著者の費やした「時間」が圧縮されています。著者が「吉田松陰」について調べ、考え、発見してきた数十年分の時間が圧縮して込められています。

本にまとめられた研究を自ら行おうと思ったら、時間がいくらあっても足りません。本ならまったく異なる主張も、まったく異なる分野の研究も同時に読み、吸収し、比較することができます。科学、哲学、経済学、文学、農業、音楽、舞踊、歴史、宗教、ありとあらゆる知識と知恵に接することができるのです。

さらには、さまざまな人の「体験」が圧縮されています。体験というものは、1回限りのものです。その体験をいくつも読んで追体験することができます。

生きるか死ぬかという壮絶な体験を自らしようと思ったら命がいくつあっても足りませんが、そういう体験について書かれた本なら何冊でも読めます。

さらに実体験であればくり返すことなど到底無理なことであっても、本であれば繰り返し読むことができます。

本は、2時間なり数時間なりを費やして、20年、いや数十年分の経験を圧縮して吸収できる優れたメディアなのです。しかも、容易に自分ではできないような経験もエキスにして伝えてくれます。

ショウペンハウアーが、『読書について』（岩波文庫）という本のなかで「作品は著者の精神のエキスである」といっているのはそういう意味です。

## 読書によって巨人の肩に乗るように遠くを見渡せる

万有引力の法則を発見したアイザック・ニュートンは、「私がかなたを見渡せたのだとしたら、それは巨人の肩の上に乗っていたからです」という言葉を残しています。先人の経験を踏まえるからこそ、その先の景色を見ることができた、という意味です。

それは2メートルに満たない私たちが、東京スカイツリーの天望回廊(高さ450メートル)までエレベーターでさあっと上がってしまえば、関東一円を展望できるようなものです。

本を読むのは、それと同じことです。私たちの100年足らずの人生において体験し、考察し、研究し、創作できることなどたかが知れています。一人の人間にできることなどわずかです。

しかし、本を読めば、凝縮された先人の血と汗と涙、精神のエキスを受け取ることができます。その上で考えて行動することができれば、私たちは人類の最先端を一歩先に進めることができるのです。

人類はそうやって一歩ずつ前進してきました。

私たちもまた、体験を通じて得た有形無形の知恵を形にして伝えていければ、後生の人たちはさらにその先へ進むことができるのです。

その知恵を伝える入れ物が「本」です。そして、その本を読むことが、巨人の肩に乗って遠くまで見渡すことなのです。

## 人、動画、音声と比べた本の優位性

もちろん、知識も知恵も技能も、人との出会いから学ぶことができます。たとえば、尊敬できる先生に出会うことができれば、やる気になったり、有益なことを教わったり、技術的な指導を受けたりすることもできるでしょう。

しかし、人との出会いには限界があります。時間的・空間的な制約があります。

たとえば、人の場合、現在生きている人にしか会えません。過去に素晴らしい人がたくさんいたとしても直接会うことはできません。

同じ空間あるいはネットを通じて同じ時間を共有できないと会話できません。都合があわなければ会えません。同じ言葉を使えないと通訳が必要です。

しかし、本は時間と空間の制約を乗り越えることができるのです。

古代の哲学者から学ぶことも、１００年前の先輩から学ぶこともできます。容易に会えない人の考えもくわしく知ることができます。翻訳の力で言語の壁も乗り越えることができます。

生身の人に、同じ質問を何度もしたり、同じことを何度も説明してもらうことはなかなかできませんが、本ならば何度も読み直すことができます。批判を加えながら考察することもできます。

人であればいつでも一緒にはいられません。本ならば常に持ち歩いて、いつでも読むことができます。ときにはトイレに持ち込んで読むことだってできます。トイレで過ごすわずかな時間を、誰かとともにいるなどということは現実には、子どもの世話か介護くらいしかないことです。

人生について考えたり、数学や哲学について考えたり、血湧き肉躍るアドベンチャーを楽しんだり、せつない悲恋物語をわずかな5分なり10分だけ楽しむなどということも本ならではの楽しみ方です。舞台の役者、落語家、講談師、映画俳優などにそれを求めても叶うものではありません。

人との比較をしましたが、動画や音声データと比べても本はとても効率的です。たとえば60分の動画に語られる内容は、文章で本の形になっていれば、必要なポイントだけパッと読むこともできます。概要を知りたければ5分もあれば読めるでしょう。

5分の動画に含まれる内容であれば、ほんの数秒で確認することができます。

音声の場合、何が語られているのか、ずっと聴かないとわからないので、ながら聴きをするにはいいとしても、知りたい情報にアクセスしようというときには時間がかかります。本であれば、必要なポイントを探してさっと読むこともじっくり読むこともできます。

このように本は、非常に身近で個人的に活用でき、持ち運びも取り扱いも便利です。夢実現のための必要な学びにおいて非常に効率的で効果的なメディアです。

## 本の「何」と「どのように」が思考力をきたえてくれる

本は、話の組み立てや展開の仕方を通じて、私たちに考え方そのものも教えてくれます。これは、仕事やプライベートで私たちが何かを考えるときの「考え方」や話したり説明したりするときの「語り方」にそのまま役立てることができます。

たとえば、私たちが本を選ぶときには、

・何が書かれているか
・著者の主張は何か
・テーマは何か
・何について書かれたものか

といったことをチェックすると思います。これらを一言でまとめれば、

## 「何が書かれているのか」

ということです。本の中身は何かということです。

本を読むときにも、この「何が書かれているのか」に注意を向けています。

同時に、私たちは読書の際に、

## 「どのように書かれているか」

ということも味わっています。その本の内容が説得力を持っているか、面白いか、納得がいくのかは、この「どのように」にかかっています。

「何」を吸収するだけでなく、「どのように」を味わい、経験するところに本を読むメリットがあります。

「どのように」というのは、知識や知恵を説得力を持って伝えるための「論理」や「考え方」、「語り方」、論理展開や構成のことです。音楽でいえば、どのようなリズムで、どのように音が連なり、メロディが展開し、どのような構成であるかということです。

音楽を聴くときに、私たちは、無意識のうちにメロディやリズムを聴きながら、脳のなかでもその音楽を再構成しています。何度も聴いているうちに、そのメロディやリズムを覚えて口ずさむことができるようになります。これは、体のなかにその楽曲の「どのように」が蓄えられ、いつでも取り出せるようになったということです。

たくさんの音楽を聴くと、自分のなかに、さまざまなメロディやリズムについての記憶が蓄積されていきます。作曲家は、そのような蓄積されたメロディやリズムから、新しい楽曲を生み出していきます。

本をたくさん読んでいくと、単に「何」に相当する知識や情報が蓄積されるだけでなく、「どのように」に相当する「考え方」や「語り方」、「論理展開」が蓄積されていきます。そこから、自分の「考え方」や「語り方」、「論理展開」といったものが生まれ、自分が伝えたいこと（「何」）を、効果的に（「どのように」）伝えられるようになっていきます。

「本をよく読んでいる人の話は面白い」といわれることが多いのは、読書を通じて「何」と「どのように」がたくさん蓄積されていて、いろいろな話題を面白く語ることができるからなのです。決して、知識だけではありません。その考え方や語り方、論理展開も面白さの重要な要素なのです。

## 本から学べる「思考の型」と「感情の型」

本のなかの「どのように」に注目してみると、「どのように」のなかにも2つの型があることが見えてきます。それは、

1. 思考の型
2. 感情の型

です。

「思考の型」というのは、先に見たように「考え方」「論理展開」などのことです。突き詰めていけば論理学が分類するような体系にまで行き着くものです。しかし、論理学を学ばなかったとしても、説得力のある文章をよく読んでいくと、頻繁に出てくる「思考の型」や、自分に気持ちのよい「思考の型」というものに気づき始めます。

その蓄積が増えていくと、自分にとって使いやすい「思考の型」がみつかり、自分が話すと

きや論を立てるときに、その型を使って説得力のある話ができるようになります。「感情の型」というのは、小説や感動のストーリーを読んで感情を揺さぶられる体験を重ねていくうちにみつかってきます。

どういう言葉遣いで、どんな話の運び方をしたら涙ぐんでしまうのか。どういう展開をつくれば、笑ってしまうのか。どんな語り口だったらしんみりとするのか、どんな順番で語れば怒りが爆発するのか。本を読んで感情を揺さぶられる体験を積んでいくと、そういったものに気づくようになります。それが「感情の型」です。

話をしたり、文章を書いたりするときに、自分の得意な「感情の型」を使えるようになれば、人の喜怒哀楽の感情を引き出すことができるようになります。

読書を通じて、「思考の型」が蓄えられていくことによって、私たちの論理能力や思考力に磨きがかかります。

そして、「感情の型」が蓄えられていくことによって、感受性や感情の豊かさを手に入れることができます。どちらも、あなたの表現力を磨いてくれるので、あなたを一層魅力的にすることは間違いありません。

## 人生の予習ができる

本には、さまざまな人の人生が織り込まれています。

著名人の自伝や評伝、伝記もあります。学問の成立を紹介するなかでその学問の創始者の人生が語られることもあります。企業の創業者の人生が紹介されることもありますし、本人にインタビューしたものや、聞き書きもあります。

対談のなかで語られる人生や、エッセイのなかで語られる人生など、さまざまです。

歴史上の人物ならば、歴史書のみならず、小説や物語のなかでその人生が語られます。

人生について書かれた本は、まさに私たちが自分の人生を歩む際に役立ちます。人生の羅針盤として、あるいは人生の先取りやシミュレーションをしていることにもなります。

人生は常に、自分にとっては初体験の連続です。友達をつくるのも、大人になるのも、恋をするのも、結婚するのも、病気も怪我も死も、みんなはじめての体験を重ねていきます。自分の未来は何が起こるかわからないのですが、長い歴史のなかで先人たちが生きた足跡をたどることで、私たちは人生のシミュレーションや先取りをすることができます。

これもまた読書のメリットであり、価値のあるところです。

## 自分自身の多様な側面を知ることができる

私たちは、自分は自分だと思っています。

たとえば性格診断テストや職業診断テストなどの結果を受けて、

・私は、几帳面な人間だ
・私は、神経質な人間だ
・私は、行動的で活発な人間だ
・私は、理屈が苦手だ

というようなことがわかると、「まさに自分はこのタイプだ」と納得してしまうことがあります。

アイデンティティ（自己同一性）の確立は青年期の課題だといわれますが、確立されたら二度と変わらないものではありません。仕事や私生活における環境の変化にあわせて、自分を変えていかなければならない、人生の転機もあります。

短期的には、私たちは安定した人格を持って、一貫した行動を取るように社会から求められています。そういう要求や期待に応えようとする気持ちが行き過ぎると、息苦しくなってきたり、生きづらくなってきたりします。視野が狭くなってしまうのです。

本は、狭くなった私たちの視野を広げるのにはうってつけです。

たとえば、本のなかにはさまざまな人が登場します。

自分とはまったく違う感性や思考の人や、ついつい「それはないだろう」と注意したくなるようなことばかりする人。現在の常識に照らしたら、バッシングされそうな人もいれば、尊敬の気持ちで思わず頭が下がる人。そもそも風俗習慣が違うので発想の仕方も違う人、表の顔と裏の顔が違う人、豪胆で勇気のある人や卑怯な人。

古今東西の本を通じて、世のなかには実にさまざまな人がいることに気づけます。

本のなかで描かれた人の姿や振る舞い、役割と行動などを時間の経過を踏まえて見ていくと、一人の人間であっても、変化しているのだということもわかるでしょう。

多様な人間がいて、その一人ひとりが長い目で見ると変化しているのだと理解すると、自分もまた多様な人間の一人であり、長い目で見ると変化しているのだ、とわかってきます。

日頃、狭い人間関係のなかにいて、付きあう人間が限られていると、人間性の幅や深さと多様性の広がりが見えなくなってしまいます。

本は、さまざまな人の存在を教えてくれるので、固定した視座を揺るがし、狭くなってしまった視野を拡大してくれます。それは、締め切った部屋の窓を開けて新鮮な空気を入れるような効果をもたらし、私たちの人生を活性化してくれます。

## 本に対する3つの誤解

著書を出すたびに、読者から感謝のメールをいただきます。拙著が役に立ち喜ばれることはとてもうれしいことです。そのメールにたまにこんな言葉が紛れ込んでいます。

「私は、今まで本を読んだことがなかったのですが」

「これまで本を最後まで読んだことがなかったのですが」

「本なんてつまらないと思っていたのですが」

本を読まない人はまだまだたくさんいることがよくわかります。本を読まない人のメールから伝わってくるのは、どうも誤解があるということです。

それは、

**誤解❶ 本は面白くない！**

**誤解❷ 本は難しい！**

**誤解❸ 本を読むことは勉強だ！**

です。

面白くないと思えば読みたいと思わないでしょう。難しいと思っていれば、手に取りづらいものです。本を読むことが勉強だと思ったら、面倒くさいと思うのも当然です。

いつの間にか、本を読むハードルが高くなっているようなのです。たまたまメールをくださった読者は、そのなかでも、たまたま拙著を読んで、「いつもは本を読まないけれど」、読んでみたらとてもよかったと思っているのです。

もっと多くの人の誤解を解いて、もっともっと本を読んでいただければと思います。３つの誤解について、ひとつひとつ見ていきましょう。

## 誤解❶ 本は面白くない！

「本なんて、面白くないよ。世のなかにはもっと面白いものがいっぱいあるのに、なんで本なんて読まなくちゃいけないの？」


そう考える人もいます。実際に、世のなかにはたくさん面白いものがあるでしょう。

しかし本には本の面白さがあります。

多くの本は、文章で書かれています。芥川賞作家の丸山健二氏は、『まだ見ぬ書き手へ』（朝日新聞出版）という本のなかで、映像や音響など他の表現形態にはないよさが文章にはあるのだということを強調しています。

たとえば、映像でコップを映そうとしたら、コップの置かれている机や背景の細々としたものまで映してしまいます。

しかし、文章ではどうでしょうか。「そこにコップがある」と書けば、とりあえず読み手にはそのコップしか見えず、見えないことによってそのコップの色や形のほかにも、コップの置かれている状況を素早く頭のなかで想い描くのです。

（『まだ見ぬ書き手へ』丸山健二著　朝日新聞出版）

本といっても写真集もあれば絵本もありますが、文章だからこその面白さもあるのです。現在「本は面白くない」と思っている人は、これまでの経験でたまたま「面白くない本を読んできた」ということだと思います。

金塊やダイヤモンドの鉱脈を発掘しようとしていて、途中まで掘って何も出てこないで引き返す人と、何かが出てくるまで掘り続ける人では、結果が違ってきます。そこに金塊やダイヤモンドの鉱脈があると思って、探してみれば掘り当てるものです。

「なんで本に面白い鉱脈があるなんていえるんですか？」

そういう疑問を持つかもしれません。金でもダイヤモンドでも、掘り進めて何も出てこないことだってありうるからです。しかし、本の場合は、古くはエジプトのパピルスの時代から、写本の時代、活版印刷発明後の時代などを経て、これまでに本が生き残ってきたことがその証拠です。世のなかの多くの人が、面白いとか、有益だとか、楽しいとか、役に立つと思ってきたからこそ、本という文化があるのです。特に、古典と呼ばれる、大勢の人に読み継がれてきた本が、現在にまで生き残っているのは、それが面白いからです。

その面白さは、映像や音響やスポーツやその他の芸術の面白さとは違うものです。本ならではの面白さがあるのです。

「ではどうやって面白い本をみつけたらいいの？」

それはいい質問です。まず、「面白い」と感じるのは誰でしょうか。他でもありません。あなたご自身でしょう。自分にとって面白いかどうか、自分がどう感じるかが重要です。

あなたが面白いかどうかはどうやったらわかるのでしょうか。

いろいろな本を試読してみましょう。デパートの地下食品売り場で、試食するのと同じように、書店に行って、目についた本を手に取ってちょっとだけ読んでみるのです。

あなたにとって面白いと感じられる本を探してみてください。

他人が「面白い」といった本があなたにとって面白い本かどうかはわかりません。自分の感覚に素直になって、もしも面白くなかったら、それはあなたにとって面白くないのです。

逆に、自分が面白いと思ったら、他人がどう思おうと読んでください。書評も他人の評価も関係ありません。人目など気にしてはいけません。それがどんなに恥ずかしい本であろうとも、それがどんなに危険な本であろうとも、臆せずに読んでいきましょう。

音楽好きな人が音楽を選ぶのと同じようにわがままに選んでください。

あなたの気持ちに正直になることが、読書を楽しむ秘訣です。あなたが面白いと感じた本がみつかったら、その本は確実に面白いのです。その感覚を頼りにして、次から次へとあなたにとって面白い本をみつけて読んでください。

## 誤解❷ 本は難しい！

「本は、読んでも難しくて理解できないんですよね」

そういう人もいます。きっと今までに読もうとしたり、手に取った本が難しい本だったのでしょう。

一口に本といっても、さまざまな本があるのです。難しい本ばかりではありません。難しいというのは、人によります。相対的なものです。

たとえば専門書は、専門外の人にとっては難しいでしょう。しかし、専門家にとっては、なじみのある、ちっとも難しくない本であり、すらすら読めるかもしれません。

あなたが料理にくわしかった場合、料理の本はすらすら読めるのではないでしょうか。料理の歴史、香辛料の歴史など料理関係に好奇心があればなおのこと読めるでしょう。しかし、料理はからっきしダメで、興味もなければ、食べることも好きではないという場合、料理の本を読めといわれたら苦痛かもしれません。

どんな本も、対象となる読者を設定しています。その本を読むだけの基礎知識や予備知識がある前提で書かれています。自分が、その本の対象としている人でなければ、何をいっているのかわかりません。

だから「わからないこと」はわからないと意識することが大切です。わからなければ、わかるものを読んでいくことです。「難しい」と感じる本があるならば、「やさしい」そしてなおかつ「面白い」と思える本を探しましょう。「難しい」本を理解しようとすることは大切ですが、わかった振りをするのは誰のためにもなりません。

読んでもわからない本は、そっと本棚に戻しておきましょう。その本よりもまだやさしい本を読んで、理解の基礎をつくることが先決です。こうやって本を選んでいけば、難しい本ばかりだということはなくなります。

## 誤解③ 本を読むことは勉強だ！

学校の勉強をするときには、教科書を始めとして、かならず本を使ってきた記憶があるのでしょう。本を見ると勉強を思い出して、嫌な気になるという人もいます。

しかし読書は勉強ではありません。

そもそも勉強って何なのでしょう。小学校や中学校、高校、大学での勉強はどうでしたか？楽しく勉強できた人にとっては、読書が勉強であっても楽しいと感じるはずです。

学校時代の勉強は、半ば強制的で「やらなければならないこと」だったかもしれません。だから、学校時代の生活や勉強自体にいい印象がない人が、「読書＝勉強」だと思ったら、途端に本を読む気をなくすに違いありません。

しかし、社会人にとっての勉強は、強制ではありません。仕事で何かを勉強しなければならないとしても、その仕事をやる限りにおいて必要だということです。やるもやらぬもあなた次第なのです。つまり仕事も勉強も、取り組むか否かはあなたの自由意志によるのです。

自由意志に基づいて勉強のために本を読まねばならないなら、楽しく読んではいかがでしょうか。読書は本来楽しいものなのです。

簡単な方法は、あなたが心地よいとか楽しいとか面白いとか好きだと思うものと、勉強のために読まなければならない本を結びつけてみることです。

たとえば、コーヒー好きの人はコーヒーと、人とわいわいやるのが好きならば友達と、お酒が好きな人はお酒と結びつけるのです。

単純な結びつけは、コーヒーを飲みながら本を読む。友達と同じ本を読む。お酒を飲みながら本を読むといった工夫です。

絵を描くのが好きならば、その本の内容を絵に表してみるとか、スポーツが好きならば、スポーツの要素を取り入れて読んでみましょう。たとえば1ページ読んだら筋トレをするとか、内容をスポーツにたとえてみるとか、10ページ読んだらスポーツの雑誌を読むとか。

そんなちょっと馬鹿げているような混ぜあわせをすると、脳が錯覚を起こし、両者を混同してしまいます。結果として、ちょっと小難しい本も、好ましいものに思えるようになります。

そうなればしめたものです。勉強しなければならないという感覚から、どんどんやりたいものに変化してしまうのです。

読書にまつわる「3つの誤解」について紹介し、その対処方法について述べました。遊び心で試していただければと思います。

## 読書を阻む壁

「いやいや、本は読みたいですよ。でもねえ、読もうと思っても、読めない壁があるんですよ」

そういう人もいます。読む気はあるのです。書店にも行ってみるのです。しかし、実際には、どういうわけか本が読めないという悩みを抱えている人もいます。

ここでは、いくつかの「読書を阻む壁」を紹介し、その壁の乗り越え方について述べていきましょう。

## 壁① 何を読めばいいのかわからない

いきなり本を読んでみようと思ったときに、書店に行ってみて、

「何を読めばいいんだろう?」

と不安になる人もいるようです。

それも当然です。たとえば、ずっと読書の習慣がなかった人の場合、何から読めばいいのかわからないのは当然だからです。

あるいは、心のなかに、

・自分が読まなければならない本があるはずだ
・自分に向かない本を読んでいたら格好悪い
・すでに読んでいて当たり前の本があるはずだ

というような思い込みがあって読めないという人もいるようです。

読書好きな人は、なんでも「面白そうな本」があったら、読み始めればいいと考えます。だから、右に述べたような心配はしません。

本を読むのにルールはありません。何から読み始めないといけないという決まりはないのです。

堅苦しい考えは捨ててしまいましょう。読みたいものを読めばいいのであって、

「この年になって、こんな本を読んだら馬鹿にされそうだ」

というような考えは捨てましょう。

大人になって、3歳児向けの絵本を読んだっていいのです。小学生向けの「電車図鑑」を読んだっていいではないですか。子ども向けの科学の本などは、お手軽にやさしく科学の知識が手に入ると思ったらとてもお得です。どんな本もだいたい大人が書いているのですから、子ども向けの本は幼稚だと考える必要はありません。童心に返って本を選んでください。

## 壁② 集中力が続かないから読めない

「本は読みたいんだけど、どうも気が散って集中できないんだよね」

1冊の本を読み続けるだけの根気が続かないとか、集中力が続かないから、本を読む気にならないという人がいます。

私も集中できないことはあります。トイレに立ったり、ネットに気持ちが向いただけで、読書の集中力が途切れてしまいます。一晩寝たらその本のことはどうでもよくなったり、忘れたり、気持ちが他に移ったりしてしまうのです。

本が面白くてどうしようもないものだったら、集中力があるとかないとか考えることはありません。ひたすら没頭して読んでしまうはずです。私の場合、集中力が途切れてしまうというのは、あまりエンターテインメント系の本を読まないからです。社会問題や宗教や哲学について書かれた本や、立ち止まって考えなければならないテーマの本を読むからなのです。

そのように、本を読むときに集中できないことには、なんらかの理由があります。

理由ごとに、どうしたら読めるのかを考えてみましょう。

### ・本との相性がよくないから集中できない

実際、相性はあります。自分がその本の読者対象ではない場合。自分がその本の内容に興味が持てなかったり、文体や言葉遣い、文章の組み立てが好みではない場合などです。

これは、すでに述べた「面白い本をみつける」や「やさしい本をみつける」といったことで解消できるでしょう。自分にとって面白くもない本を読み続けることは苦痛です。相性のいい本を探して読みましょう。

### ・読書に集中した経験が少ないから集中できない

あまり本を読まない人はこのパターンが多い可能性があります。

自転車に乗ったことのない人は、バランスを取って自転車に乗ることはできません。読書も同じで、没頭して本を読んだことのない人は、どういう状態が本に没頭している状態なのかがわかりません。そのため、何をしていいかわからないのです。

まずは読書に没頭し、本を夢中で読む体験をすることが必要です。そうした体験を重ねていくうちに、没頭・集中するコツのようなものをつかんでいきます。

そのためには、面白くてついつい読みたくなってしまう本と出会うまで、いろいろな本を読みかじってみましょう。そして、本に夢中になる体験をしてみてください。

一度、丸1日くらいまとまった時間をとって書店に行ってみましょう。ためしに、あまり興味のないコーナーも覗いてみます。店内をぶらついて、面白そうな本をみつけたら立ち読みしてください。途中で「どうでもいいや」と思ったら、棚に戻しましょう。

また物色して、これはと思った本を立ち読みします。ページをめくる手が止まらなくなったら、その本は「買い」です。何冊も立ち読みして、読み続けたいと思える本がみつかったら、買えるだけ買いましょう。

そして、書店の近くのカフェにでも入って、買い込んだ本のなかから1冊選び、最後まで読んでみます。途中で、「どうでもいいや」と思うようでしたら、次の本を読んでみます。それも途中で「どうでもいいや」と思うようでしたら、さらに次の本を読みます。

これを何度もくり返すうちに、ついに最後まで読みたくてたまらないと感じる本に出会えるはずです。

読書に没頭するとか、夢中になって読むなどの体験があれば、それを基準にして、その後も本を選んで読んでいくことができます。

## 壁③ 時間がないから読めない

本を読みたいと思っている人でも、読書のための絶対時間がなければ読むことができません。

「仕事が忙しくて、本を読む暇がないんですよ」

1冊の本を読み終えるために必要な時間は人によって異なるでしょうが、どんな本も、少なくとも1秒では読み終えられません。トータルで何時間かの時間が必要です。まとまった時間を取って、一気に読んでしまいたい気持ちは理解できます。

しかし、「まとまった時間が取れない」というだけで、本を読むことをあきらめてしまっているなら、これほどもったいないことはありません。

まとまった時間があってもなくても本は読めるのです。

200ページの本を、一度に200ページ読んでも、100ページずつ2回に分けて読んでも、10ページずつ20回に分けて読んでも構いません。小分けにして読み進めるならば、毎日一定時間（あるいは一定のページ数）読むとか、量は決めずに毎日読むなどすればいいのです。

本が好きな人は、常に本を持ち歩いてスキマ時間をみつけたら読むということを習慣化しています。電車での移動中に、携帯のニュースを見たりゲームをしたりする人が多いと思いますが、本を読もうと思っている人は、携帯で電子書籍を読んだり、持ち歩いている本を読んだりしています。暇さえあれば本を読もうと工夫をしています。

逆にいえば、日々の暮らしのなかで「暇があったら本を読む」や「無理にでも暇をみつけて本を読む」というクセをつけたら、いくらでも本を読むことができます。

そういう思考法で暮らしていけば、まだまだ読書時間を増やすことができます。

まず、無意識にやっている習慣的行動を思い出してみましょう。

SNSを見る時間、ブログを読む時間、テレビを見る時間、電車を待つ時間。これらの時間は、すべて読書にあてることができます。

トイレの時間も読書時間なら、信号待ちの時間すら読書時間です。

読書の楽しさを知ってしまうと、自然とそういう工夫をするようになりますが、これから、もっと本を読んでみようと思う人は、あえて、今まで習慣的にやってきたことを見直して、読書時間を増やしてみましょう。

## 壁④ 読んでも覚えていないので読む気にならない

「読んでも忘れちゃうからねえ。読んでも無駄なんだよ」

といって本を読まない人もいます。

せっかく読んだ内容も覚えていないので、読む気が失せてしまうようです。

本を読んだといったら「何が書いてあったの？」と聞かれて、即答できたら気持ちのいいものです。感動したり、深い体験をしているはずなのに、「ええっと、なんだろう…」と口ごもりながら、自分の体験を言葉にしようと頑張るという場面がよくあります。これは普通のことです。読んでも覚えていないということではなく、書いてあることを読んで、頭と心で体験したことは、まさに体験であって、言語化していないものだから、うまく語れないだけなのです。

たしかに有益なことが書いてあったり、覚えておきたいと思うようなことも書いてあるでしょう。それくらい、ぱっと思い出して語りたいという気持ちもわかります。

しかし、読書家といわれる人でも、読んだ本の内容をすべて覚えているという人はほとんどいません。みんな、心に残ったポイントや要点を覚えているだけなのです。むしろ、忘れないくらい心に引っかかったことを語っているだけなのです。

映画を1回観ただけで、全場面を克明に思い出せるという人が少ないように、本を1回読んだだけで一言一句逃さずにすべて覚えている人などほとんどいないと思って間違いありません。

本を1回読んだだけで、すべて記憶し、いつでも語れてしまうことはないとあきらめましょう。

本のなかにどうしても覚えておきたいことがあったら、メモを取るなり記録を取りましょう。そのメモや記録を何度も繰り返し読んで覚えましょう。

年齢だって関係あります。年齢を重ねると、忘れっぽくなるのは普通のことです。記憶力が抜群だった10代の頃を懐かしんでも仕方ありません。忘れたくなければ、くり返し覚え直すことです。そうしなければ忘れるものだと、覚悟しましょう。

その上で申し上げます。

読書とは、本の内容を記憶することではありません。

本が生まれる前は、あらゆることを記憶していなければなりませんでした。日本の神話は、『古事記』にまとめられる前は、稗田阿礼《ひえだのあれ》などが暗唱し、口頭で伝承してきたわけです。ハワイの神話や歴史も、フラという歌と踊りによって伝承されていたのです。歌や踊りや儀式など、人類は記憶することに多大な労力を費やしてきました。

本は、いわば人間の脳の外部記憶装置です。

頭のなかに記憶するかわりに、文字などを使って記録したのが本なのです。パソコンにとっての、外付けハードディスクみたいなものです。本を読むことは、外付けハードディスクから短期記憶のメモリーに情報を載せかえているようなものです。必要な分だけ、読み込めばいいのであって、ずっと覚えていなければいけないわけではありません。必要とあらば、また読めばいいからです。そのための本なのです。

読書とは、何かを記憶するよりも、もっと豊かな体験であるという可能性に心を開いてください。内容を忘れてしまっても、体験は確実にあなたの心の糧となっています。

## 自己信頼感が高まる

本は作家・著者の自己表現です。そこに書かれた内容は、思考し感情を揺さぶられてきた人間の記録であり、問題や課題に立ち向かってきた人間の記録です。

科学者は事実に基づいて本を書くから、自己表現ではないという見方もありますが、そのような事実に基づいて科学を語りたいという自分をも表現しています。

小説家・有島武郎が「『或る女』の主人公の葉子は私だ」と語ったように、小説の登場人物たちは、なんらかの形で小説家の一部を表現しています。

そもそも私たちは多様な側面を持っています。ごく普通の人でも、親との関係では子であり、会社では中間管理職であり、夫婦関係においては配偶者であり、子にとっては親であり、孫にとっては祖父母であり、地域においては近所のおじさんかおばさんです。

それ以外にも無意識の世界を覗けば、弱い自分や残酷な自分、嫌らしい自分やけちくさい自分、勇敢な自分、無謀な自分、怒り狂った自分や獣のような自分がいます。多様な側面を持つから、他人のことも理解できるし、本を読んでいると自分のなかの多様な側面が刺激されたり、理解が深まったりして楽しめるのです。

作家の自己表現を読めば、作家に対する理解と自分に対する理解が深まります。あるがままの表現に触れれば触れるほど、自分らしくいることにも慣れていきます。作家が書くさまざまなエピソードを通じて、どんどん自分を信頼できるようになるのです。

自分を信頼するというのは、あるがままの自分、多様な側面を持つ自分を受け入れられるようになるという意味です。自分を受け入れることができると、自信が生まれていきます。

本を読むことで、本に対してどう反応するのかという自分の感覚を知ることができます。それを通じて自分を知るのです。自分を知り、受け入れる過程で自信も涵養《かんよう》されていくのです。

自信とは、自分に対する信頼です。自分はこういう人間であるというあるがままの自分を受け入れられたら、自信を持って生きていくことができます。

第2章

# 読書は知的なフィットネス！

## 読書は認識と感情に影響をあたえる

読書は、ある種のインプットであり非常に静かで受動的な行為のように見えるかもしれません。しかし単に右から左へ知識を移動するような単純で不活発な行為ではありません。

まず何といっても、本を読んでおきながら、何も変化しないということはありえません。

読書は、特に私たちの思考と認知の枠組み、そして感情に影響をあたえます。ものを知っただけで、世界の見え方が変化し、私たちの認識する世界が少なからず変化してしまうのです。

世界の捉え方が変わると、私たちの行動も変化します。その行動は現実を変化させます。変化した現実が、私たちの思考や認知の枠組みにも変化を及ぼします。するとまた、私たちの行動が変化します。行動は現実を変え、現実が私たちの認知の枠組みを変化させます。このような「変化の循環」は留まるところを知りません。

ここに喜びを感じ、幸せな現実を生むのであれば、それは読書の好循環であるといえるでしょう。

読書は、単なるインプットではありません。読書は現実変容のプロセスの起点であり、とてもエキサイティングなものなのです。

本章では、読書とは何をしていることなのかについて述べていきたいと思います。

## 論理的整理の優位性

本を読むとは、書かれた文章を読み、言葉を取り入れ、その意味するところを理解するということです。

すでに、本はおいしい料理のようだと書きましたが、読書とは知的な食事で、本の装丁は盛りつけのようなものです。知識と情報は、肉や野菜などの素材です。

料理は、新鮮な素材を使って、腑分けされ整理され調理加工し、絶妙な味に仕上げられているから食べやすいのです。

本も、現実そのものではなく、事実が切り出され知識や情報として処理され、整理分類され、論理的な流れによって束ねられ、まとめられているから理解しやすいのです。

私たちは子どもの頃から、学校で文字を習い、漢字を教わり、言葉を学ぶとともに、本を読むなかで新しい言葉を覚えてきました。現在でも、新聞やニュースで新しい言葉を知ったり、聴いたりして言葉を増やしています。

大人になると、世界にはもっとたくさんの事象があり、言葉があり、概念があり、理論があることを知ります。もっとくわしい情報を知りたいと思ったときに、効率よく学べるのが本なのです。

もしも、あらゆる言葉や概念を学ぶために、一対一の単語帳のようなものしかなかったら、吸収するのは大変です。心躍る物語、秩序だった論理で展開されているから、私たちは一生を通じて膨大な量の知識を吸収し続けることができるのです。

読書はインプットであると、シンプルにいえるのは、本が、まとまった内容をある道筋に沿って述べていく形式だからなのです。

## 脳内モニターに映し出される表象

読書は、積極的で、能動的な行為でもあります。

言葉を読み、理解すると、その言葉から想像力が活発化し、心のなかでさまざまな像を思い描きます。風景の描写を読めば風景を、誰かのセリフが書かれていれば、その言葉の音像を頭に思い描きます。

そのように言葉の刺激を持って心に思い描かれるもののことを「表象」といいます。私たちは言葉や文章を読んで、表象を脳内に出現させながら、それを楽しんでいます。脳内にモニター画面があるようなものです。ときには体がゾクゾクするような感覚も味わうので、肉体を使って言葉や文章を味わっているのだといえます。

目でページとインクのしみを眺めながら、文字を読み取り、目の前にはない映像を頭のなかで味わうのです。私たちはごく普通にやっていることですが、とても高度なことをやっているのです。

## 自分にない論理をなぞる

読書とは、著者の話の進め方、論理展開、思考の流れをなぞる行為でもあります。

なぜなら、知識とは単語ではありません。概念の塊です。ひとまとまりの知識は、構造を持っています。本は文章でその構造を、ある順序で提示していきます。読者は、その著者の語り口を楽しみ、語り口が示す論理展開をも受け取っているのです。

桃太郎の物語ひとつ取ってみても、これをどのように語るのかは、語り手によって幾通りもの順番で語ることができます。今どきの言葉でいえば「ストーリーテリング」、平たくいえば「ものがたり」です。ものの語り方を私たちは味わいながら、知識なり情報なりを受け取っているのです。

さらに次々と本を読むことは、本と本とをつなぎあわせ、自分のなかで意味の体系を構築していくことになります。

文字のレベル、単語のレベル、文のレベル、段落のレベル、節のレベル、章のレベル、本のレベル、それぞれにおいて流れがあり、つながりがあります。それらをひっくるめて楽しむのが読書するということです。

文章を読むことによって、ちょうど行き先のわからないミステリートレインやジェットコースターに乗るような楽しみを感じることができます。読書とは著者の引いたレールを走る列車のようなものであるともいえますし、楽譜を演奏する音楽家や、振付にしたがって踊るダンサーのようでもあります。

譜面を見ながら楽器を演奏していくうちに、演奏技術が向上し、自在に楽器演奏できるようになったり、いくつもの振付を経験することで自在に踊れるようになったりします。同じように、たくさん本を読んでいくと、さまざまな語り口に触れて、次第に自分の考えを自在に語れるようになることが期待できます。

## 「ゾーン」のごとき状態をつくれる

ここまでに見たように読書は「受動的で能動的である」という非常に高度で特殊な行為です。そのような読書の最中は、普通の意識状態ではありません。

普通の意識状態というのは、目の前のことに注意が向いていて、物事の変化に対応できる状態です。車の運転ができる状態、というとわかりやすいでしょう。

車を運転するときは、主に前方に注意を向けて、周囲を確認し、他の車とぶつからないように気をつけます。これは、目の前の現象に意識を向けている、普通の意識状態です。

読書の最中は、文字を読みながら頭のなかにイメージを想像したり、論理を組み立てたりすることに意識が向いています。ページや文字は目にしているものの、目の前の現象を把握しつつも、頭のなかのことに意識が向けられた状態です。こういう状態で、車を運転はできません。

普通の意識状態ではない、ある種の「変性意識状態」と呼ばれる状態だからです。

「変性意識状態」とは、通常の意識状態とは違うあり方のことで、かならずしも危険な状態というわけではありません。

●お酒に酔っ払った酩酊状態
●睡眠状態
●ヨーガ行者の瞑想状態や坐禅者の集中状態
●スポーツ選手のゾーン
●何もかもがスムーズに進むフロー状態
●幸福感に満たされた至福体験の状態

などをいいます。

子どもの頃には、ごっこ遊びとか、お人形さん遊びとか、ぼーっとしながら空想にふけっているとか、想像の世界に遊ぶことがあったはずです。あれもひとつの変性意識状態です。

読書中にも、私たちの意識はいくつかの変性意識状態になります。それは、状況によっては望ましく有益な意識状態でもあります。

常に読書をしていると、その変性意識状態になりやすくなっていきます。これは、読書のひとつのメリットだといっていいでしょう。

たとえば、いつも小説や物語の世界を堪能し、空想の世界にどっぷりつかるような読書を続けていくと、さまざまなアイデアが生まれやすい意識状態に入りやすくなります。

想像力をいつも使っているので、本を読まないときでも想像するのが得意になります。そのため普段からアイデアを生み出しやすく、発想も豊かになります。

小説や物語を読んで、頭のなかで場面を想像し、登場人物の心情を我がことのように味わうことに慣れていると、人の話を聴いても情景が浮かびやすくなり、共感力も上がります。

哲学書や論理的に書かれた本をじっくり読むことを続けていると、論理的に思考し続けることに慣れていきます。そうすると普段から、論理的に頭のはたらく意識状態になりやすくなります。論理的に考えるのが苦でなくなります。

集中した状態も一種の変性意識状態です。本を何時間も読み続けることができたら、それは意識の集中状態を長く続けられるということです。

やがて、読書以外のときにも集中力を発揮しやすくなります。つまり、読書中の集中度の高い意識状態を常に経験しているので、読書以外のときにも同じ意識状態に入りやすくなっていくのです。

このように私たちは、ある意識状態を継続して体験していくと、いつでもその状態に入れるようになるのです。

本を読み、「リラックスできる」や「集中できる」、「想像が広がる」といった意識状態の変化に気づけると、本をきっかけにして自分の意識状態をコントロールすることができるようになります。

本を読んだときに、どんな意識状態になるかに気をつけておいて、

### ●没頭できる本

●リラックスできる本
●空想が広がり、アイデアが湧いてくる本

などと分類しておくといいでしょう。

ある意識状態になりたいと思ったら、該当する本を読むのです。楽しい気分になりたければ楽しい本を読み、元気になりたければ元気になれる本を読めばいいということです。

そういった本を座右の書として常備しておけば、私たちはいつでも意識状態をコントロールすることができます。これを意識して行えば、意識状態をコントロールする練習にもなりますし、本の一節を思い出すだけで、意識状態を変えることもできるようになります。

本は、そのための安全かつ強力なツールであり、心の常備薬のような役割も果たせるのです。

このような読書の仕方に精通すれば、人生に必要な意識状態をコントロールすることができるようになり、人生を自在に生きる力をつけることもできるようになります。

## 物語に没頭してみよう

本の世界に没入し、その世界を思う存分味わい尽くす没頭体験は、ひとつの変性意識体験であると同時に、読書の醍醐味でもあります。

没頭の仕方や種類も体験する意識状態も、本の種類によって異なります。

読書における没頭体験の基本型は、物語世界への没頭です。

物語世界への没頭は、具体的な世界で、具体的な人物や行動、そして事物をありありと味わうバーチャルリアリティの感覚です。人物の感情の動きを追体験しながら、物語世界を存分に味わいます。

映画やアニメと違うのは、文字を読んでそこから脳内に物語世界を出現（表象）させなければいけないところです。それは制約であると同時に自由でもあります。

言葉による描写には限界がありますが、その限界内の描写を想像力で補って、自分だけの世界を脳内に想い描くことができるのです。小説や物語はまさに、著者と読者の想像力が協働し、補いあうことで完成するものなのです。

## 2000年前の英知と現代の英知がつながる本

どんな本にも、それを書いた作者や著者がいます。本は「個人」の著作であり、その内容に対する責任は著者「個人」に帰せられます。

しかしどんな作者や著者であっても、誰の影響も受けていない人はいません。だから本当は、どんな本であっても、著者自身の体験と思索と感情のみならず、さまざまな人や本からの影響を受けてできあがっているのです。

この、人から人への影響や、本から人への影響、そして人から本への影響という連鎖をたどっていくと、時間と空間の限界をはるかに超えた広がりのあることがわかってきます。

最近の例では、2013年12月に刊行された『嫌われる勇気』(岸見一郎・古賀史健著　ダイヤモンド社)という本があります。

著者の岸見一郎氏は、もともとギリシア哲学の研究者でありながら、アドラー心理学を学び、アドラーの著作も多数翻訳している人です。古賀史健氏は、80冊以上の書籍の構成・ライティングを担当し、数多くのベストセラーを生み出してきた人です。

『嫌われる勇気』では、哲人と青年との論理的で哲学的な言葉のやりとりが繰り広げられます。そこに、アドラー心理学的なカウンセリングと、プラトンの対話編の要素がちょうどよくブレンドされているように感じられるのは、岸見氏と達意のライターである古賀氏ならではの著作だからでしょう。

つまり、紀元前5世紀古代ギリシア生まれのプラトンの著作と、19世紀オーストリア生まれのアドラーの著作は、20世紀生まれの岸見一郎と古賀史健という日本人に影響をあたえ、『嫌われる勇気』というベストセラー書籍に結実したのです。

『嫌われる勇気』は、さらに東アジア諸国の言葉に翻訳されて大人気を博しているそうです。本を通じて古代ギリシア、オーストリアに源流を持つ影響の連鎖は国境を越えて東アジア全域にまで広がっているのがわかります。

本は、1冊だけ単体で存在しているのではありません。かならず他の本と見えないネットワークで結びついています。当然、そこには人の存在があるからですが、本と本との関係にのみ注目すれば、あたかも本と本とが影響をあたえあい、関係を持っているかのように見えます。

影響の連鎖はネットワーク状につながっていきます。

『嫌われる勇気』に言及している本書もまた、間接的にプラトンとアドラーに連携し、本書がまた1000年以上先の未来に影響をあたえることもあり得ないことではありません。

## 「本のネットワーク」に入ってみよう

本と本の間にはそのような見えないつながりがあります。

そのさまはまさに宇宙空間に浮かぶ無数の星々のつながりのようです。

星と星は、銀河や恒星系、惑星と衛星のような見えない関係を結んでおり、互いに影響をあたえあっています。それと同じように本と本は互いに影響をあたえあっています。

それはまた、インターネット空間のなかで、Webページ同士がリンクを介して相互につながっているようでもあります。

本は、宇宙空間の見えないつながりのなかで浮かぶ星のようであり、ネット空間におけるネットワーク端末のようでもあるのです。

そんな本と本とがつながりあった情報空間を、本書では「本のネットワーク」と呼ぶことにします。

## 「本の極私的《きょくしてき》ネットワーク」をつくる

「本のネットワーク」のなかで、1冊1冊本を読んでいくと、自分の頭のなかに、自分を介してつながった本と本との小さなネットワークが生まれてきます。

それは非常に私的な関連性で結びついた小さなネットワークです。これを「本の極私的《きょくしてき》ネットワーク」と呼びたいと思います。

「極私的」という言葉は、1960年代詩人の鈴木志郎康さんが使い始めた「非常にプライベートな」という意味の造語です。鈴木さんは大学時代の恩師でもあり、尊敬の意を込めて使わせていただこうと思います。

「本のネットワーク」を「インターネット」や大宇宙にたとえるならば、「本の極私的ネットワーク」は、企業内のネット環境である「イントラネット」や太陽系のようなものです。

「本の極私的ネットワーク」は、「本のネットワーク」の一部ですが、基本的に自分しか出入りのできない情報空間です。

「本の極私的ネットワーク」は、思い出すことさえできればいつでも自由に出入りでき、本を読めば確実に入ることができます。

## ●「本の極私的ネットワーク」例

たとえば、私は20年近く前に『サイキック・スパイ』（ジム・シュナーベル著　扶桑社）という本を読みました。この本で、東西冷戦時代にアメリカ陸軍が、超能力スパイ養成プロジェクト「スターゲイト計画」というものを極秘裏に進めていたことを知り、驚き、強い興味を持ちました。

その本のなかに遠隔透視能力を持つ超能力スパイ、ジョー・マクモニグルという人物が登場します。彼の遠隔透視能力を飛躍的に向上させたのがモンロー研究所のヘミシンクという技術だと書いてありました。

そこで、モンロー研究所創設者のロバート・モンローが書いた『魂の体外旅行』（日本教文社）という本を読みました。

さらにモンロー研究所でヘミシンクを体験した日本人の手による『「臨死体験」を超える死後体験』（坂本政道著　ハート出版）の存在を知り、それも読み、知識を広げていきました。

数年後、『ショック・ドクトリン』（ナオミ・クライン著　岩波書店）という本に出会い、東西冷戦中から冷戦後までも、アメリカのＣＩＡや国際金融組織が世界各地で行ってきた、クーデターや大惨事に便乗した経済システムというものの存在を知ります。これは「スターゲイト計画」を知ったとき以上の驚きを感じ、クーデターの歴史を調べるようになっていきました。『サイキック・スパイ』と『魂の体外旅行』と『「臨死体験」を超える死後体験』と『ショック・ドクトリン』という本は、当然ながら「本のネットワーク」に存在しています。

同時に、この一連の読書遍歴を通じて、私のなかで密接につながりあい、特に相互に関連性の強いつながりを持っています。これは私にとっての「本の極私的ネットワーク」の一部なのです。これらが強いつながりを持つのは、私が介在しているからであって、そのつながりの強さは普遍的なものではありません。だから「極私的」なのです。別の人にとってはこれらの本はなんのつながりもないバラバラに存在する本であることもあるのです。

一人ひとり異なる読書体験を経て、それぞれの「本の極私的ネットワーク」が形成されていくと、独自の知識体系を構築することができます。

私たちは本を読んでいるとき、この「本の極私的ネットワーク」のなかにいます。「本の極私的ネットワーク」で、私たちは本と出会い、本から知識と知恵を取り入れ、知の枠組みを操作し、思考と論理を動かしていきます。

「本の極私的ネットワーク」で、私たちは思考と感情をきたえることができます。本さえあればエクササイズできるという意味で、「本の極私的ネットワーク」は「思考と感情のプライベート・ジム」です。

本は思考と感情のプライベート・ジムに入るための鍵なのです。

## 教科書は「地図つき観光ガイドブック」

本を読むということは、個人的な知の領域を広げていくことです。宇宙のように広大な「本のネットワーク」をたどっていって「未知」を「既知」にしていくのです。

直感を頼りにして、手当たり次第に読んでいくのも大いに結構です。読書はとても「極私的」なものだからです。

「そうはいっても、なんらか系統立った本の読み方をしてみたい」

そう思う人もいます。その場合は、教科書を利用しましょう。

「えええ？　教科書ですか？　面白くなさそうですね……」

私たちは学校時代に、たくさんの教科書に接してきました。そのせいか教科書というのは概して「面白くないもの、退屈なもの」と反射的に思う人も多いでしょう。

教科書が面白くなく、退屈なのは、膨大な内容を、無駄なくムラなくコンパクトに詰め込んでいるからです。たとえば化学でも物理でもその分野の創始者にはドラマも、悪戦苦闘の面白い物語もあるはずです。

しかし、教科書にはそのようなことを記載する余裕がありません。無駄な部分にこそ面白みがあることも多いのですが、無駄を省き、最小限の記述しかしていないので、つまらないのです。

しかし便利な面もあります。

ちょうど外国旅行をするときの「地図つきの観光ガイドブック」みたいなものです。現地に行ったことのない人にもわかるように、現地情報を簡潔に教えてくれます。地図もついていて、どこに何があるか、どんな街か、道はどうなっていて駅はどこか、広場はどこかなど、たちどころにわかります。

「地図つきの観光ガイドブック」が現実そのままではないように、教科書は、その分野の膨大な内容そのままではありません。細かいことは大幅に省略して全体像をつかめるようにつくられています。教科書という「地図つき観光ガイドブック」で全体像をつかんだら、今度は実際の旅に出る番です。

つまり、その分野のさまざまな原典や古典、さらには最新の本などを読んでいくのです。

## 高校の教科書を読書のスタート地点に

前に述べた教科書は、さまざまな分野の教科書ということですが、実際に私たちの読書のスタート地点を、高校の教科書におくのはひとつの有効な手です。

たとえば、高校の世界史の教科書を思い出してみましょう。文化史のページにはたくさんの哲学者や芸術家や文学者の名前や作品の名前が出てきたと思います。教科書ではそれらの中身について、ごく簡単にしか触れていません。そして高校時代には、それらの現物をすべて見たり読んだりすることもできなかったことと思います。本当は、そこから先が面白いのです。

だからここを起点として、読書をスタートさせるのです。

文化史のページに出てきた人たちの作品を読んでみるのです。詩人や文学者、哲学者の著作を読んでいきましょう。芸術家の作品をまずは画集などで確認したり、美術史の本を読んでいってもいいでしょう。

さらに、世界史の舞台になった現地に行ければなお楽しくなります。絵画展や美術展などがあれば実物の絵や作品を鑑賞しましょう。

教科書は「地図つき観光ガイドブック」でした。ならばそのガイドブックを持って現地に出かけ、原典を読み、現物を見に行くべきなのです。現実・現物・現場を味わうための教科書であり勉強だったはずです。一番おいしいところを省略してしまってはとてももったいないです。

このように自分の世界を広げていくために、高校の科目というのはよくできています。専門書を読みこなすために、現代文があり、日本の古典を読むために、古文や漢文という科目があったのです。

古文も当時少しは勉強したのなら、今からでも遅くはありません。『古事記』でもなんでも読んでみましょう。『方丈記』『徒然草』『平家物語』といった教科書に出てきたもののみならず、『好色一代男』『南総里見八犬伝』『東海道中膝栗毛』など、好奇心にまかせて読んでみましょう。その先に得られる面白さこそ価値があります。

さらに英語の授業も外国の文献を読むためだと思えば、「あれだけ勉強したのに話せない」となげく必要はありません。英語の本を楽しむためには、充分だったかも知れないのですから。

このように中学や高校の勉強は、知の大冒険に出かける準備だったのだと考えたら、これからがいよいよ本番です。知の大冒険に出かけましょう。

## 分野の原点となった本は学習効率が高い

読書の幅を広げていこうと思うならば、「学際的研究の手法」を真似してみるのもひとつの有効な手です。

私が学生時代に、たまたま目にした放送大学の講義で、学際的研究をするためには、異なる分野の入門部分だけをいくつも学ぶといいと教わりました。学際的研究とは、文学と経済学と物理学というような学問の区分にとらわれず、学問分野を横断した形で研究することです。

各学問を横断するといっても、あらゆる分野の専門家になることはできません。自分の専門以外の分野については、大事なことは理解しつつも、深入りせずに、利用することが必要になってきます。

そこで、他の分野は入門部分だけを学ぶのがいい、ということなのです。

それは、入門部分の学習効率が非常に高く、見識は広がり、知識も一気に深めることができるからです。中級、上級へと進もうとすると、何年かけてもわずかな進歩しかできなくなるものです。

その分野の専門家にとっては、一生をかけて追求することなので、何年かかってもいいでしょうが、学際的研究をする者にとっては、それ以上深追いする必要はない、のです。

さらにその先生がおっしゃるには、入門部分を学ぶために最初にやることは、その分野の「原点となった本を読むといい」とのことでした。

たとえば進化論について学びたければ、進化論の入門書よりもダーウィンの『種の起源』を読む。哲学であれば哲学の入門書よりもプラトンを読み、精神分析であればフロイトの『夢分析』や『精神分析学入門』を読むということです。

その分野の原点となる本は、その分野が確立する以前に書かれており、その分野を知らない人に向けて書いているからいいのだとのことでした。

なるほど、と思い、なるべくそういう新たに知りたい分野があるときには、分野が始まる原点となった本を探して読もうとしてきました。しかし、そうはいっても一人で調べたいという場合は、まず何が原点かがわからないので、結局入門書を読んでみないとわからないということになります。

そこで、入門書は取りそろえはするものの、学ぼうとして読み込むのではなく、その分野の全体像をつかむために軽く目を通し、そのなかで原点となった本を探すようにしました。原点となった本がみつかれば、それを読めばよいのです。

ものによって翻訳されていなかったり入手しづらい場合は、原点により近い古さを持つ古典を読むようにしています。

## 上級者こそ入門書を読んでみる

入門書は、入門者のために書かれています。

しかし、本当に読んで役に立つのは中級者、上級者にとってであると私は思っています。

特に、その分野の大家の書いた入門書は、分野を知り尽くしたうえで入門書を書いています。深い理解と高度な見識とがコンパクトにまとめられて記述されているのです。だから、その分野に不案内な入門者にとっては、そのすごさが理解できません。逆に、中級、上級へと進んで、理解が深まった後に読んでみると、目から鱗が落ちるほど明快に、深い内容が書かれていることに気づくことがあります。

だから初心者の頃に読んだ入門書は、捨てずに取っておくべきです。

初心者の頃に読んだときと、学習や経験を重ねて年数が経った頃にもう一度読んだときとでは、「これは本当に同じ本だろうか?」と思うくらい受ける印象が異なります。入門時と年数が経ったときとでは理解度がまったく違うからです。

これは武術の入門書で体験しました。まったく初心者の頃は、入門書に書いてあることは、それが本当は何を意味しているのかを理解できていませんでした。動作に関する記述は、勝手な想像をして完全に誤解していたこともありました。

しかし、実際に武術を習い始めてしばらくしてから読むと、実に正確に書かれており、さらには実践上の細かい秘訣や、高段者向けの秘伝に属するようなコツについても書いてあることがわかりました。

だから、いい入門書というのは、深く高度なことがわかりやすく書かれている本でなければならず、実際に取り組んで上達した後からでも時折読み返すといいものであるべきなのです。

## 年月というフィルターを経た古典のすごみ

何から読めばよいかわからない、という人は、まず「古典」と呼ばれている本を手に取ってみるといいでしょう。

「古典は、年月というフィルターを通って現代に伝わっているものだから、面白くないはずがない」

これは、立命館アジア太平洋大学学長の出口治明氏もいっていることで、友人で大人の成長を促進する誉恵留塾代表の三木誉恵留《みきよえる》さんから、聞いたことです。

古典は面白くないはずがないのだから、読みたい本がない人は古典に手を出すのが順当だ、ということです。私たちは、洋の東西を問わず、古典を日本語で読めるという恵まれた環境にいるのです。翻訳大国日本の優位性を活かさない手はありません。

そうはいっても古典は、昔の人が書いているので、時代の違いや風俗習慣の違いがあったり、人名や地名がピンとこないので読みづらいという意見もあります。

ところが最近では、光文社古典新訳文庫のように、古今東西の古典を現代の人が読みやすく新訳したシリーズもあります。解説も注もわかりやすくなっているので、古典を読む環境は整っています。ぜひ、読んでみてください。

## 古典を読むと偉人賢人が頭のなかで議論を始める

誉恵留塾の誉恵留さんは、大の本好きで、毎日5～6時間は古典を読んでいるそうです。日々、古典を乱読していると、たとえばプラトンとパスカルとニーチェなど過去の偉人や賢人たちが頭のなかで会話しているような状態になる、といっています。身の回りで起きた出来事ひとつとっても、いろいろな偉人・賢人の意見が同時に頭のなかに出てきて、意見交換し始めるそうです。それがまた面白いのだそうです。

あるとき彼は東京で、偶然に知りあったイタリア人と話していて、

「昨日、ダンテの『神曲』を読んでいたところだ」

と話したそうです。すると、

「日本人なのにイタリアの古典をよく知っているな！」

と驚かれ、一気に打ち解けることができたそうです。

私たち日本人も、外国人から「『ゲンジモノガタリ（源氏物語）』ガ、スキデス」といわれたら、ビックリしつつも、一気に心理的な距離が縮まるかもしれません。

誉恵留さんは、古典をざっくり「年月というフィルターを通り抜けた書物」と捉えて、洋の東西を問わず、ジャンルも限定せずに読んでいるそうです。それは素晴らしいやり方だなと思いました。

というのも、現代は問題が複雑化し、学問の境界線など意味がなくなりつつあるからです。哲学だけとか、小説だけとか、経済だけ、歴史だけ、脳科学だけ、物理学だけ、と読書の範囲を限定することに意味がなくなってきています。

「これは古典だ」と思ったら何でも読む、くらいがちょうどいいのです。「これは専門だから読むが、あれは専門でないから読まない」とやっていると、「本の極私的ネットワーク」は小さなままで成長せず、変化の速い時代の流れから取り残されてしまいます。

また、アイデアというのは未知との出会いから生まれるものです。

ジャンルを問わず、幅広く「古典」を読むことは、現代に生きる私たちならではのアプローチです。遊び心で手を出して、読んでみましょう。

# 第3章

# さらに奥深い本の読み方

# 極私的《きょくしてき》に本を読む

読書は楽しむもの。それが基本です。読書をもっと楽しむためには、深く読むことが必要です。深く読むためには、自分の感覚に正直になる必要があります。

なんといっても読むのは、自分だからです。自分が楽しめるかどうかが鍵なのです。徹底的に自分の基準にしたがって読むことを、本書では「極私的《きょくしてき》に読む」といいます。

読書は、常に本に個人として向きあうものです。同じ本を人と一緒に読んでも、読むのは個人なのです。だから人の目を気にしたり、人からよく思われようとして格好つける必要などないのです。

自分の感性のアンテナを目一杯伸ばして、本を選び、読んでいくことが大切です。それはこの世界の味わい方でもあります。

人と深く付きあおうと思ったら、自分の深いところをさらけ出して付きあうしかありません。同じように、自分をさらけ出して本を読むことによって、本をより深く読むことができます。

本章では、本をより深く読むために、徹底的に楽しむためのヒントを書いていきたいと思います。

## 人の読書習慣と比較しない

本を読んでみようと思い始めてから、読書について書かれた本や、他人の読書歴を聞くと、輝かしく見えたり、尊敬の念が起きたり、うらやましく思えたりするかもしれません。

なかには「小学校の頃に図書室の本はすべて読破した」とか「中学生の間に日本の近代小説はすべて読み尽くした」とか、早熟な人もいます。

そういう人を見て、

「もっと早くから本を読む習慣をつけておけばよかった」

「なんだ、私はちっとも本を読んでいない」

「私なんか軽い本しか読んでこなかった」

と後悔するかもしれません。

他人の読書歴を、参考にするのはいいですが、上下の区別をつけるような意識で比較しても意味はありません。基本的に読書はとても「極私的《きょくしてき》」な行為です。どちらかといえば恥ずかしいと感じるくらい、とてもプライベートなことです。なんといっても、かならず一人で行っているし、何を感じているか外から見たらわかりません。これに似ていることといったら、トイレやお風呂です。人から覗かれたくないものです。

どんな本もできるだけ幼い頃から読んだほうがいいとか、年をとってから本を読んでももう遅い、子どもの頃に読んでいなければ今さら読んでも無駄だ、などということはありません。

そもそも本と、その本を読む自分の年齢の組みあわせで、理解や楽しみ方には無限のバリエーションが生まれるものなのです。いつ読んだとしても、そのときなりの味わいがあります。

たとえば漱石の初の長編小説である『吾輩は猫である』は、漱石が38歳のときに書いた作品です。文豪漱石の写真というと老成した写真が思い浮かぶのではないでしょうか。38歳のときの作品だと聞くと、ちょっと意外ではないですか?

これを私は小学六年生の頃読みました。面白くて夢中になって読んだのを覚えています。しかし12歳の自分に38歳の漱石が込めた想いをどれだけ理解できたのでしょうか。小学生に理解できる範囲のことと、誤解に近い理解によって楽しんだに過ぎないでしょう。つまり、38歳の漱石が込めた想いなど、味わい尽くせているはずがないのです。

その後、まだ再読していませんが、もしも私が38歳のときに読んでいたら、自分と同じ年齢の漱石が書いた小説をどう捉えただろうかと考えると興味深いものがあります。

さらに、50代の今の自分が、自分よりも10歳以上若い漱石の小説をどう感じるのか。そんな風に考えてみると、あらためて読んでみたくなります。

高校野球を年上の大人みたいな選手の試合として眺めていたのが、年齢を重ねるにしたがい、年下の選手、我が子くらいの選手、孫の世代の選手と見え方が変わってくるように、本もそれを書いた著者や作家の年齢を意識して読んでみると、また違った楽しみ方ができます。

大人の恋愛小説にしても、小学生の頃に読んでも面白いかもしれませんが、実際に大人になってから読んだら、また違ったおもむきで楽しめるでしょう。老後になって読んだらさらにどんな感想を持つでしょうか。きっとまったく違った味わいを感じるに違いありません。

このように、いつ読むかは、人それぞれであり、そのときどきの楽しみ方があるものです。だから、これまでの読書遍歴は、「歴史にイフ（ｉｆ）はない」のと同様に、そうとしかあり得なかったのだ、と胸を張ってください。子どもの頃から身の回りに本があった人もいれば、本と縁遠い環境にあった人もいます。本を読もうと思えばいつでも読めたのに、ちっとも興味が湧かずに今日までまったく手を出さなかったという人もいるでしょう。過ぎたことは受け入れるほかないのです。

子どもの頃に早く読み過ぎたということもないし、大人になって読むのが遅過ぎたということもありません。本といつ出会えるかは、人それぞれです。いつ出会おうと、何度読んでも構いません。さらに違った読み方ができるだけです。

これから重ねていく読書にしても、同様です。

積ん読しておいていつか読もうと思いながらも、いつまで経っても読めない本もあれば、数十年後にようやく読めたり、すぐに読めたり、強制的に読まされたりするかもしれません。

本との出会いは一期一会。人生と同じです。偶然の出会いもあれば、思いがけない再会や不本意な別離もあります。だから面白いのです。

## 読書の目的を決めてみる

読書が好きで、日常生活のなかに習慣として取り込まれている人にとっては、「読書の目的」といわれてもピンとこないかもしれません。

なぜなら、そういう人にとっては読書は「無条件に楽しいもの」であったり「読みたいから読むだけ」であったりするからです。目的なんて定めなくても自然と読むからです。

しかし、そういう人でもひとつ目的を設定してみるだけで、読書が奥深いものに変わります。YouTubeで本のダイジェストを動画にして発信している中田敦彦さんは、動画配信のために1冊の本を読み終えるという目的と締め切りを設定しているから、毎日のように本が読めるのだと語っています。

目的とはたとえば次のようなことで構いません。

## ●知りたいことを知る

知りたいことを知るために本を読む。シンプルな目的です。これまでだったらWeb検索で済ませていたことも、もうひと手間かけて、関連する本を1冊でもいいから読んでみるということです。

## ●知識より「味わい」を求める

特に小説や物語などのフィクションは、ビジネス書のような読み方をしては面白くありません。これまでに小説をあまり読んでこなかった人は、意識して「作品を味わう」という目的をかかげて読んでみましょう。速読したり、メモを取ったりする必要はありません。

## ●知らない分野の開拓

普段は手に取らないような分野の本を読んでみるのは新鮮で楽しいものです。そもそも土地勘のない分野であれば、その本がどんな本かも最初よくわからない状態でしょう。そんなときには、好奇心を全開にして「どんな本なのかを知る」ことを目的にしてみましょう。

## ●著者のテーマを探る

これはどんな本についても適用できる目的です。その本のテーマは何かということに気をつけて読んでみます。一言でいえば、この本のテーマは何なのか。それを常に意識しながら読んでみると、さまざまな発見があるはずです。

## ●気に入った表現をみつける

本には、気の利いたフレーズや心に刺さる言葉がたくさんあるものです。1冊につき、ひとつでも「気に入った表現をみつける」ことができたら儲けものです。読書の記録をつけるときに、1冊の本のなかから、ひとつだけ「気に入った表現」をみつけて書き留めていってもよいでしょう。

## ●人生のヒントになる言葉を探す

読んだ本に感銘を受けたとしたら、かならずあなたの心に響き、人生を導くヒントとなることが書かれていたはずです。あなたが生きていくうえで、勇気づけになったり、心の支えになったり、気持ちを明るくしてくれる言葉を探しながら読んでみましょう。

## ●今の自分に共鳴する文章を探す

私たちは日々、自分の気持ちを表現しながら、他人とコミュニケーションを取っていかなければいけません。今の気持ちを言葉にするのはなかなか難しいことです。本のなかから今の自分の気持ちを表せるような表現を探せたらいいですね。

## ●著者の主張を見極める

本にはかならず著者の主張があります。手抜き料理の本であっても、忙しい合間を縫って出す食事を通して家族に「愛情の込め方」を伝えたいということかもしれません。著者の真の主張を文面から読み取ってみましょう。

## ●本の内容を知人・友人に話す

読んだ知識を頭に定着させるためには、アウトプットが必要というのはどこでもいわれていることです。アウトプットといっても、オーバーに考えることはありません。友人にちょっと話すのも立派なアウトプットです。

## ●ミーティングの雑談のネタ探し

ミーティングが始まるまでの雑談や開会後の挨拶などで、何か話せるネタがあると便利です。いつも読書していれば、直近に読んだ本の内容と感想を話してもいいでしょう。はなからそういう場で話すことを目的にすると、読書に身が入ります。

## ●ブログやSNSのネタ探し

読後のアウトプットをしっかりやっていきたいと思うならば、感想を書いてみましょう。読後感想のブログやＳＮＳで発信してみてはいかがですか？　専用のブログで発信せずとも、自身のブログやＳＮＳで、たまに感想を書き込んでみるだけでもいいでしょう。

### ●世界の読み解き方を探す

本を読む目的は、世界を読み解くヒントを探すのだ、としてみましょう。たくさんある書物は、世界について書き遺された情報の山です。あなたはそれらの情報を取捨選択して、この世界を読み解いていくのです。

以上、いくつか目的となりそうなものを書き出してみました。これから腰を据えて本を読んでみようと思う人は、自分の胸の奥の声に耳を澄まし、自分にとっての目的を定めてみましょう。その目的を達成することで、本からより多くの英知を引き出すことができます。

## 理解度を高めるための読書のコツ

本は、字面を追っていくだけでも読んだ気になれます。また、文字を追って読んでいくうちに、本の世界に入っていくこともできます。問題意識があろうがなかろうが読める本もあるからです。特にエンターテインメントを目的にして書かれた小説などは、読者を飽きさせない工夫がなされて、ページをめくるのももどかしく先へ先へと読みたくなるようになっています。

しかし、最先端の研究成果を紹介するものや理論を解説したもの、最新情報を紹介したもの、特定の知識・情報や技術を説明した本、哲学書や学術書などは、積極的・能動的に読まないと読み進めることができません。

ここからは、学術書からビジネス書まで能動的に読まなければ読めない本を読むためのコツや理解度を高め、吸収力を高めるコツを紹介していきます。

## ●目次を読んで構成を把握する

著者は、本を書くときに、全体の設計図のようなものを考えて書く場合と、書いてみたものを整理して全体をまとめ上げる場合があります。どちらの書き方をしても、形にするためには、かならず意図を持って全体の構成を考えています。

どんな本も、文章をどういう順番で並べると伝えたいことが伝わるかということを考えて、構成し配置されているのです。

本を読むときには、構成を意識しながら読むと頭に入りやすくなります。

小説の場合は、特に目次もないことが多いでしょうから、ジェットコースターに乗るような気分で、展開を楽しみながら読み進めることが構成を意識するということになります。

それ以外の一般の本は、何か伝えたいことを順序立てて説明していることが多いので、きちんと目次があります。この目次を最初によく見て、どんな論を展開するのだろうかと想像しておくといいでしょう。

## ●本の背景を調べてから読んでみる

自分のレベルにあった本を読めばいいとはいっても、読みたいと思った本を開いてみると、「1ページ目から難しい……」と感じる本もあります。読みたいのに読めそうにないと感じたら、がっかりしてしまいます。

難しいと感じるには原因がいくつかあるはずです。たとえば、

・わからない言葉が多い
・著者についてよく知らない
・時代背景がわからない
・国や地域の習俗や文化がわからない
・他の本との関係がわからない

ということがあれば、読むのが難しいと感じてしまうのも無理はありません。特に、外国の本や古典の場合、これらのことがわからないために、読もうと思ってもハードルが高く感じてしまうものです。

読みづらくても本文に食らいついていく、という方法もありますが、挫折する可能性も高まります。

そこで、読みたい本を理解するために、補助的なことをする必要があります。**「調べて読む」「調べながら読む」「読んでから調べてもう一度読む」**ということです。

ではどう調べるといいのでしょうか？

本文が難しければ、本文の後ろについている「解説」を読みましょう。そこに書いてある、著者や時代背景などについての解説を読めば、本文を理解する助けになります。そういった「解説」がついていなければ、「解説本」を並行して読みましょう。その本を解説した本がない場合は、その著者についての解説本を読むといいでしょう。

解説本が手に入らなければ、その分野の事典や百科事典で調べたり、ネット上の百科事典であるWikipediaやネット記事なども参照してみましょう。

有名な著者の伝記や評伝が書かれていれば、それを読んでみましょう。たとえばカントの『純粋理性批判』を読もうという場合に、カントの評伝を読み、カントの人となりをイメージして、親しみを持つだけでも、読もうという気持ちが高まります。

自分の興味をかき立てるためであれば、著者の登場する小説を読んでもいいでしょう。吉田松陰の『留魂録』を読むとともに、吉田松陰を主人公にした小説（たとえば司馬遼太郎の『世に棲む日々』）を読むという具合です。

その本の内容が歴史に関する物であったり、著者が歴史的に有名な人物であれば、その歴史的背景を知るために、その本が書かれた時代の歴史を、歴史の教科書や歴史書で読んで補いましょう。文学作品であれば、文学史を読むと文学の潮流を理解することができます。そうすると、なぜそのような作品が書かれたのかについて理解できるでしょう。特定の学問であれば、学問史や学説史を扱った本を読んでみましょう。

日本文学については、高校生向けの『国語便覧』が各社から出ていますので、1冊用意しておくといいでしょう。文学史も、作家の紹介も、主要作品の解説などがコンパクトにまとまっています。一家に1冊『国語便覧』です。

海外事情について書かれた本や、海外文学を読む場合、海外の地名がドンドン出てきて、それだけで読めなくなることもあります。そうならないためには世界地図帳や、世界史の図録を用意しておきましょう。少しでもわからない地名や海外の歴史的事件などがあれば、すぐに確認することができます。また、こういった背景を簡単に調べるために、ネット検索は力を発揮するでしょう。

文章だけでイメージがつかめないために読みづらいこともあります。

たとえば、ヨーロッパの歴史書に出てくるカタカナの名前が頭に入りにくい、という場合、ヨーロッパの風景や彫像、絵画、写真などを取りまとめたヨーロッパ史の概説書などを手元に置いておくといいでしょう。絵画に描かれた歴史上の人物などを見ながら、読めばイメージが広がります。

このようにして、1冊の本を理解するためにその背景を知ることのできる本を並行して読むと、理解が深まります。

## ●文章のなかに「対立関係」をみつける

本の理解力を上げるひとつのコツは「対立関係」をみつけることです。

私たちが何かを主張するときに、ただ単に主張するよりも、対立関係にあるものを引きあいに出して主張すると、その主張が明確になります。

著者が「Aだ」と主張しているとします。その場合、著者の身の回りの論者や世間には「Aではない」という意見があるということです。その上で著者のなかで「Aを主張し、それ以外を否定したい」とか「A以外は受け入れられない」という想いがあるということです。

また、

「Aであって、Bではない」

という主張が展開されていたら、わざわざBを否定するということは、著者はBを意識していることがわかります。

たとえば、ラーメン屋に入って、

「お、このラーメンはおいしいね！」

といったとします。これはストレートに感想を述べただけですが、そういったということは、心のなかで「他のラーメン屋のラーメンよりも美味い」とか、「昨日食べたラーメンよりも美味い」ことを言外に感じているのです。

ここで対立関係を持ち込めば、

「先週食べた東京一行列のできるラーメン屋よりも断然ここのラーメンのほうがおいしいね！」

ということもできます。

このように文章のなかに対立関係をみつけ、対比する表現をみつけると内容が理解しやすくなります。

表だった対立関係が表現されていなくても、著者の頭のなかでは対立関係が想定されている場合があります。その場合、言外にどんな対立関係があるだろうかと想像で補いながら読むと理解しやすくなることがあります。

たとえば、拙著『結局、「すぐやる人」がすべてを手に入れる』（青春出版社）は、「すぐやる」という主張がタイトルに込められているのがわかります。ということは、言外に「すぐやる」に反対する気持ちを想定しているのです。つまり、

●先延ばししてしまう
●すぐにできない
●すぐにやりたくない

という、ごく普通に誰もが抱く気持ちに対する否定や反論が、本の主張なのです。

『嫌われる勇気』（岸見一郎・古賀史建著　ダイヤモンド社）のタイトルから読み取れる対立概念は、

●嫌われたくない優柔不断さ

ということがわかります。誰もが「嫌われたくない優柔不断さ」を持っています。それをなんとかしたいと思っていたからこそ、その気持ちをバッサリ斬ってくれるこの本のタイトルが胸に響いたのでしょう。

これはさまざまな思想にもあてはまります。孔子が「仁」という思想を説いたということは、その当時孔子の周りに「仁」がなかったからだ、とか、聖徳太子が「和」を貴んだということは、当時の政治に「和」がなかったから、ということも見えてきます。

二酸化炭素を削減しようというのは、二酸化炭素があるからで、平和を希求するということは、平和ではないからです。グローバル人材が求められるということは、グローバル人材がいないからです。

本も生身の人間も、主張の裏には、かならず対立概念が想定されています。そう思って対立概念を探りながら、本を読んでみましょう。そうすると主張がすっと入りやすくなります。

## ●執筆のきっかけを考えてみる

漫然と読んでいると、いつの間にか集中力が途切れ、しまいには、何について書いている本なのかわからなくなり、迷子になってしまいます。

そうならないためには、本を読む前に、

「著者はどんなきっかけでこういう研究をしたのだろう?」

「この本はどんなきっかけから書くことになったのだろう?」

「この本を書こうと思った動機は何だろう?」

ということを考えてみましょう。

読む前にだいたい想像で、著者の執筆の動機となる「原点」に当たりをつけておくのです。本の裏表紙や「まえがき」「目次」「あとがき」「解説」などを見ると、その答えとなるような文章がみつかるかもしれません。

著者の「原点」が見えてきたら、それを本の余白に書いておくか、別のノートに書いておくとよいでしょう。読み終えたら、果たしてその予想は当たっていたのか検証することができます。

読む前にあらかた予想することができなかったとしても構いません。その場合は、その問題意識を持ちながら読み進めていきましょう。なぜこんな本を書いたのだろうかと思いながら本文を読めば、おのずとその答えがみつかるはずです。その結果、内容の理解度が上がります。

## 本が禁止された世界

この世から一切本がなくなったらどうなるでしょうか。

そんなことを想像した小説があります。レイ・ブラッドベリの『華氏451度』（ハヤカワ文庫SF）です。この小説では、あらゆる本が禁じられた世界を描いています。

政府は国民に本を禁じた代わりに、テレビを見せ続けます。考える暇をあたえないためにです。人々が自ら考えることをしなくなってしまった世界で主人公のガイ・モンターグは本を守る人々と接触をしていきます。

本を守る秘密のネットワークの住人フェーバーはモンターグにいいます。

本は、われわれがいかに間の抜けた愚か者であるか、気づかせてくれるものだよ。

（『華氏451度』レイ・ブラッドベリ／伊藤典夫訳　ハヤカワ文庫SF）

「われわれ」とは、まさに「われわれ」です。同時代に生きているすべての人々のことです。いや、同時代のみならず、これまでに生きてきた「われわれ」であり、今後生まれてくる「われわれ」です。

本は、落ち着いて考えながら読むことができるからこそ、物事を客観的に見たり、批判的に考えることのできるメディアです。小説のなかでテレビが洗脳の道具として扱われているのは、テレビは私たちを受動的にするからです。テレビ側が一方的に制作した番組を流し、広告宣伝を押しつけます。視聴者はそれをただ受けとめるだけ。本と違って、途中で立ちどまって考えることが難しいメディアです。

このように情報を「押しつける」やり方を「プッシュ（PUSH）型」のメディアと呼びます。これに比して、Webページは、自ら検索してたどり着かないと情報が得られないものなので「プル（PULL）型」のメディアだと、かつては呼ばれていました。

しかし近年は、顧客情報の膨大なデータを分析して、ネットを閲覧する個人を対象として、個人が喜ぶ検索結果や広告が表示できるようになっています。ネットの世界、とくにSNSやニュースにおいては、すでに実質的には「プッシュ型」のメディアになってきているということなのです。

私たちが主体性を取り戻し、自ら考えるようになる。自分のスピードで考える。流されずに、一旦立ちどまって考える。

そのような力を育ててくれるのが本です。本を読まず、自ら考えず、誰かの意向に流されるだけであれば、まさにそれは「間の抜けた愚か者」といわざるを得ません。それに気づかせてくれると同時に、気づき、行動を変えるきっかけとなるのが本なのです。『華氏451度』はそんなことを教えてくれています。

## 書店を楽しむ7つのルール

高校時代は、学校の帰り道に、大学の頃は、休み時間と帰り道に立ち寄り、会社員になり営業職の頃は移動途中に、企画職になったら、帰り道に深夜まで開店している書店に寄るなどして、毎日1回は書店に立ち寄っていました。私以外にも、本が好きな人のなかには同じように書店を訪れている人がいると思います。

しかし近年、街中の書店は減少の一途をたどっています。ネット書店の出現やコンビニでの書籍販売がその理由ともいわれています。さらにコンビニの書籍コーナーも面積が小さくなっていると聞きます。

先に挙げた『華氏451度』のように本が禁じられているわけではありませんが、デジタルとネットのプッシュ型情報の洪水に押し流され、書店が減少したことで、思いもよらない面白い本と出会う機会がどんどん減少しているのは非常に残念なことです。

ネット書店は、書籍のデータベースと検索機能が優れているので、欲しい本を探すには便利です。しかし、自分が興味を持った狭い範囲の本にしか出会えません。

リアル書店は、店舗面積に制約があるため、欲しい本を探すためには不向きですが、偶然を利用して自分の興味の範囲を超えた本と出会うことができます。リアル書店の最大のメリットは、「偶然の出会い」によって自分の知識や知恵を拡大できるところにあります。

リアル書店では、書籍の現物を手に取って、手触りを楽しみ、表紙を見たり、中身をパラパラとめくってみたりしながらどれにしようかと考えながら、選んで買うことができます。たくさんの本を目にし、触れながら、その間にもさまざまな情報をキャッチして、思いもよらない本と出会うことができるのです。

面白い本と出会いたいなら、本から驚きを得たいならば、リアル書店に足を運ぶことです。知識と知恵に能動的にアクセスできる本の文化を守るとともに、面白い本と出会うためにも、もっと頻繁に書店に足を運びたいものです。

もしも、これまで書店に足を運ぶことがあまりなかったという方には、ぜひ、楽しいから書店に行ってみてくださいと伝えたいです。

ここでは、書店を楽しむための7つのルールを紹介します。これを守ると、書店に行くのが楽しくなるし、知的な刺激をたくさん浴びることができるので、私も守っていることです。

**【書店を楽しむ7つのルール】**

1. 書棚の新陳代謝を楽しむ
2. 書店員のメッセージを発見する
3. 定期的に通う
4. 本は丁寧に扱う
5. 興味のないコーナーに行く
6. 積極的に立ち読みする
7. 書店に入ったら1冊は買う

## 1 書棚の新陳代謝を楽しむ

### ●書店の書棚は生き物

はじめて入った書店の棚は、どこに何が置いてあるのかわからないので、店内を歩くのが冒険のようで面白いものです。どこに雑誌があり、どこに文庫があるのか、企画の棚はどこにあるのか。一般的な傾向はあるにしても、そこにどんな本が並べられているかは書店によって異なります。

同じ書店に定期的に通っていけば気づくと思いますが、棚に並ぶ本は、常に入れ替わっています。もしも出張先の書店に数ヶ月ぶりに顔を出した場合、同じ棚を見れば、確実にラインナップが変わっています。書店には日々新刊が投入されていて、書店員さんは、日々本を並べ替えているのです。それは細胞の新陳代謝のようなものです。

つまり、書店の棚は、常に最新の状態だということです。時代の旬を取り込み、常に新しい棚なのです。書店に行ったら、ぜひ棚を端から端まで眺めましょう。それは本の世界の最新状態だからです。

## ●企画コーナーの書店の選書ラインナップを楽しむ

書店内の一番目立つところには、書店独自の企画コーナーを設けているところが多いです。テーマに基づいて書籍を集めて展示してあります。

企画コーナーは、「本のネットワーク」が書店員の観点を通してかいま見られるのも楽しみのひとつです。その書店員の「本の極私的ネットワーク」かもしれません。

どのような本を並べるかで、本と本とのつながりから伝わるメッセージも変わってきます。図書館とは違って、企画コーナーの本は、ただ展示しているのではなく、当然売り物なので、買えます。企画の趣旨を説明した小冊子がおいてあることもあります。その場合は、小冊子を1部もらって、並んだ本も1冊買ってみましょう。

そうすれば、企画の趣旨やテーマを受けとめて持ち帰る感覚を味わえます。その企画があなたの「本の極私的ネットワーク」を更新してくれます。

## 2 書店員のメッセージを発見する

書店の本の陳列の仕方には、表紙を見せて水平に置く「平積み」、棚に背表紙だけ見せて陳列する「棚差し」、垂直に表紙を見せるように陳列する「面陳」などがあります。ときにはワゴンに並べたり、特設の台に積み上げたりなどさまざまな工夫が凝らされています。

それはすべて書店員の意図の表現です。なんの意図もなく並べられているわけではないのです。そこに本があるということは、誰かがそこに陳列したということです。書店の店頭に並ぶすべての本は、書店員の手によって並べられているのです。

だから書店に行くと、その意図にやられてくらくらすることもあります。本から「私を見て！」という声が聞こえてくることさえあります。書店に行くと1時間以上はかならず滞在してしまうのは、書棚を通じて表現している書店の意図と対話し始めてしまうからなのでしょう。

そのように意図に満ちた棚だと思って書店内を巡ってみてください。さまざまな発見があるはずです。

## 3 定期的に通う

プレジデント誌の調査にもありましたが、年収の高い人には、「行きつけの書店」があります。定期的に書店に立ち寄る習慣があるのです。

書店はつねに最新の状態だからこそ、定期的に通う価値があります。

今、どんなテーマが注目を集めているのか。

どんな本が平積みで、どんな本が山と積まれているのか。

前回と同じ位置に同じだけ山積みになっている本は何か。

そういった店内のあらゆるところに込められたメッセージを全身で浴びるためには、定期的な訪問が有効です。定期的に通うことで、変化に気づくことができます。新刊の情報も、定期的に書店に通い、ぱっと見れば一目瞭然です。

そこから、自分が読みたい本もみつけられますし、時代の変化をつかむこともできます。

定期的に書店を訪問し、見るのは平積みや面陳の本だけではありません。棚差しされた本も常に新陳代謝が行われているのです。

時間があれば、棚に並んだ本の背表紙を片端から見ていきましょう。

書名と著者名を眺めるのも楽しいものです。なじみのない著者名も、何度も見ているうちに親しみを感じてきます。同じ著者がどんなタイトルの本を書いているのかなんとなく頭に入っていくと、いつしか著者の専門分野も想像できるようになっていきます。

書名のなかの言葉についても、何度も出てくる言葉を発見するようになります。何度も出てくる言葉に、いつしかなじみを覚え、どういう意味なのだろうかと興味も湧いてきます。

やがて離れたところにある本と本との間に関連性や共通点、あるいは反発しあう情報などを受け取るようになり、次第に心のなかに「本の極私的ネットワーク」が構築されていきます。

## 4 本は丁寧に扱う

書店に並んだ本は、私たちの知的好奇心を刺激してくれます。

しかし、それらはすべて売り物です。中身を見ることができるように陳列されているからこそ私たちは立ち読みすることができるわけですが、自分が買わずに棚に戻すとしても、実際に購入する人のために、丁寧に扱い、きれいにしたまま戻したいものです。

もしも立ち読みしているうちに、汚してしまったり折り目をつけてしまったら、それはその本との出会いであり縁が生まれたのですから、購入しましょう。もともと買おうとしていなかった本であったとしても関係ありません。縁ができたのです。それは決して損ではありません。きっとあなたにとって必要な本なのです。

## 5 興味のないコーナーに行く

思いもよらない面白い本と出会う偶然性（セレンディピティ）こそ、リアル書店の真骨頂です。リアル書店に入ったら、あえて「興味のない分野の棚」を見て回りましょう。

読書好きな人のなかには、書店に入って何時間でもいられるという人が多いです。

では、書店に入って何をしているのかといえば、書店の棚に並べられた書籍の背表紙を片っ端から眺めたり、平積み・棚差しを問わず、気になる本を手に取って、パラパラとページをめくったりしています。特段買おうと思う本がなくても、見て回るのです。背表紙を眺めているだけで、いろいろな情報を吸収しています。そういった行動を通じて面白い本との偶然の出会いが生まれるのです。

だから書店に入ったら、かならずぐるりと店内を一周してみることです。自分の興味のある棚だけを見るのではなく、興味・関心のない分野の棚も眺めてみるのです。近くを通るだけでもいいです。

あえてそうすることで、かならず思わぬ発見があります。特に何かに注目せずに書棚を眺めながら歩くと、あなたにとって必要な言葉がぽんと目に飛び込んできます。その本は、そのときのあなたにとってとても重要な本である可能性が大です。手に取ってみましょう。

## ●文庫の棚で著者とジャンルの壁をとり払う

文庫の棚を見ると、出版社に関係なく五十音順で著者順に並べられていたり、出版社別のなかで著者五十音順に並べられていたりします。このジャンルを超えて著者名で並ぶ網羅性が、偶然の出会いを演出してくれます。文庫の棚を片っ端から眺めているだけで、無数のジャンルの本と出会うことができるのです。小説もエッセイも、ノンフィクションも科学エッセイも伝記も哲学書もなんでもあります。文庫本とは、サイズが統一されているだけで、内容は多種多様だからです。

人気作家の作品が、文庫の棚に並んだ様子は、さながら文庫版個人全集のようです。大型の全集本を揃えるのは大変でも、文庫を揃えることなら無理な相談ではありません。「これは面白い！」という作家に出会えたら、文庫化されている作品をすべて読んでみるのもいいでしょう。

## ●新書の棚では、話題の広がりを見る

新書の棚を眺めるのも、偶然の出会い（セレンディピティ）をもたらしてくれます。書店内をぐるりと一周するにあたって、新書の棚では、すこし立ちどまりましょう。

新書の棚には時代に即応した、タイムリーな話題の本がたくさん並んでいます。大きな書店で、発行年度の古い物から順に並べられている場合などは、その並びが時代の流れに沿った話題の変遷として読むこともできます。最近であれば「ウイルス」「感染症」などの言葉が散見される一方、何十年も前のものであれば「知的生産」とか「原稿の書き方」などという言葉が

見られたりします。

新書における偶然の出会いは、自分の関心のない「テーマ」との出会いといってもいいでしょう。そのテーマは、時代を反映しているというわけですから、自分の興味関心のアンテナだけでは捉えきれない「テーマ」と出会うことができます。

## ●専門書の棚では、その分野を一覧する

単行本の棚を見ると、分野別に専門書コーナーがあります。

ここでも、偶然の出会いを求めて、興味のない分野の専門書を見てみましょう。

そこに並べられた本のタイトルやテーマを見ているうちに、その分野では現在何が問題になっているのかがわかってきます。専門書なので、わりと長いタイムスパンで話題になっているものが取りそろえられていたり、その分野の基本や定番の書籍があったりするので、長期的な関心事や普遍的なテーマを確認することもできます。

逆に、流行の移り変わりの激しい分野であれば、最先端の流行を示す本は平積みや面陳されているのですぐわかります。

普遍的で深いテーマについて、偶然の出会いを期待することができるのが専門書の棚なので、やはりここも見て回らないわけにはいきません。

## 6 積極的に立ち読みする

書店は本を売っているところです。内容を理解して買ってもらいたいと思っているところです。だから、書棚から取り出して中身を読むことができるようになっているのです。

遠慮せずにどんどん立ち読みしましょう。

「ジャケ買い」という言葉がありますが、表紙だけで買えるならそれでも結構です。しかし、どんな内容かわからなければ買いづらいという人のほうが多いと思います。積極的に立ち読みして、その上で買いましょう。

今どきの本は、手に取ってパッと中身がわかるように編集されています。表紙も、帯も、目次もざっと見れば内容がわかるようになっているのです。本の立場からすると、ぜひ手に取ってほしいのです。

「ぜひ、私を手に取って中身を見てください」という声なき声に応えて手に取り、立ち読みしてあげましょう。もしも買わなかったとしても、「面白そうな本をみつけたよ」と誰かに話してあげましょう。そうすれば、本も立ち読みされた甲斐があるというものです。

また、立ち読みした分だけ、知的な刺激を受け、知識と知恵を部分的にでも摂取することができます。本はどこを取っても知識が詰まっているのです。書店に行ったら、ほんの少しだけでも立ち読みして吸収してしまいましょう。

## ●タイトルに含まれたキーワードに注目する

基本的に、書店に並ぶ本は、編集者と著者が必死になってタイトルを考えています。どうしたら必要な読者に届けられるか、どうしたら興味を持ってもらえるか、という観点から練りに練られたタイトルがつけられているものです。

対象となる読者の心に響くように、と願ってつけられたタイトルを見れば、その本が自分に向けられた本なのかどうかを判断することができます。

タイトルを見て、それがどんな人に向けられたものかを見るポイントを紹介します。

たとえば『楽しくなければ成果は出ない』（田中マイミ著　すばる舎）という本があります。

この本はタイトルがそのままキーフレーズであるタイプの本です。

「楽しくなければ成果は出ない」というのが、この本の主張であることに気づくでしょう。

このタイトルからキーワードを拾ってみます。

・楽しい／楽しくない
・成果
・（成果が）出る／出ない

「楽しくなければ」という言葉があるので、「楽しい／楽しくない」という二者択一の境界線上に課題があることがわかります。また「成果が出ない」とあるからには、「成果が出る／出ない」という境界線上に課題があることもわかります。

この境界線上の2つの概念は、一方が通念であり、一方が著者の主張であるということです。

一般的な通念としてかならずしも「楽しい」ことは「成果が出る」条件であるとは思われていません。しかし、著者は「楽しい」が「成果が出る」条件であるといっているのです。

このテーマに関心があるのは、

・「楽しい」仕事をしたいと思っている人
・「成果を出したい」と思っている人

この2つの条件に当てはまる人です。

仕事は辛くてもいいと思っている人や、成果を出さなくてもいいと思っている人はターゲットではないということです。あるいは、二者択一の境界線上にあって、どちらがいいのだろうかと迷っている人も対象の読者となります。

このように私たちはタイトルから本の内容を瞬時に想像し、手に取ろうと思ったり、まったく心が動かず、気にもとめなかったりしています。

本を選ぶときには、タイトルを見て、内容を想像し、自分の関心事に重なるかどうかを考えてみれば、買うべきか否かについておのずと答えは出るものです。

## 7 書店に入ったら1冊は買う

私は、新刊書店に一歩足を踏み入れたら、かならず1冊は買おうと決めています。

書店の情報空間としての素晴らしさを考えたら、それは知的な遊園地みたいなものです。最新の情報がわかるということをすでに書きましたが、店内に入るだけで、私たちはたくさんの情報と恩恵を受けているのです。入場料を払う気持ちで、何か1冊は買いたいものです。それは、文庫本1冊でも雑誌1冊でもいいのです。

それは、その書店への応援にもなります。

今、書店の数はドンドン減っています。身近な場所に書店がそのまま営業していてほしいならば、私たちの意思を表明しなければなりません。購買行動は投票行動と同じです。本の恩恵を受けたいと思うならば、書店への感謝を込めて、書店に入ったら何か買って出てくるようにしましょう。

## ●ほしいと思ったら迷わず買え！

「ほしい本はみつけたときに買わないと二度と手に入らないかもしれない」というのは、多くの本好きの人が同意見のようです。

社会学者の清水幾太郎は、

日本では、本は早く買わねばいけない、というのが私の教訓である。縁がありそうな本、気にかかる本が出版されたら、何は措いても、買っておいたほうがよろしい。日本では、本はドンドン出て、ドンドン消えるものなのである。逆にいうと、本を買ったら直ぐ読まないと損だ、というような根性は棄てなければいけないということである。直ぐ読むというつもりはないが、そのうち読みたくなりそうな本、そういう本があるものである。そんな本が出版されたら、文句をいわず買っておくことだ。買っておくと、不思議なもので、やがて読むようになるものである。（『本はどう読むか』清水幾多郎著　講談社現代新書）

と書いています。まったくその通りです。

書店は本だらけです。ぱっと目について「お、面白そうだ」と思っても、その場で買わないで書店を出てしまうと忘れてしまいます。

面白そうだと思ったということは、読むべき何かを感じ取ったからそう思ったのです。しかし、大量の本に目を移しているうちに、短期記憶は上書きされてしまい、次の本に注意が移ってしまうのです。

気づいたときに買わないと、「買おうかな」と思ったことさえ思い出せず、その本を読む機会は永遠に失われてしまうかもしれません。

目についた本は、まずは手に取って立ち読みし、気になるようであれば店内を持ち歩きましょう。そして、戻すのが面倒だと思うならば買いましょう。

## ●同じ著者を追いかけてみる

気に入った著者や作家がみつかったら、同じ著者や作家の本をどんどん読んでみましょう。

文芸評論家の小林秀雄は「或る名作家の作品全部を読む、彼の書簡、彼の日記の隅々までさぐる。そしてはじめて私たちは、彼がたったひとつの思想を表現するのに、どんなにたくさんなものを書かずに捨て去ったかを合点する」(『読書について』中央公論社)といっています。

小林秀雄は「全集を読め」ともいっていたと思います。そこまでできればなおのことといいのでしょうが、現在生きている作家や、文学以外の作家の場合は全集というものはありません。手に入る限りの本を順番に読んでいってもいいでしょう。

私も学生の頃は、思想家の栗本慎一郎氏(後に政治家に転身)の本を全部読んでみようと思って、しつこく本を集めて読んでいました。当時は、新刊が出るたびに買って読んでいたので、最後のほうには、本を読んでいる途中で氏のいいたいことが予想できるようになっていました。

ずっと同じ作家の本を読んでいると、途中で飽きてくることもあります。ひょっとするとそのタイミングが、その作家の本との付きあいからの卒業かもしれません。その著者・作家に感謝して、別の作家の作品を追いかけてみるのもいいでしょう。

飽きるほど読んでくれたとしたら、作家冥利に尽きるというものです。それくらい読んで吸収していけば、人生は確実に豊かなものになります。

# 深掘りに向くネット書店

## ●検索と順位と推薦

ネット書店は今ではほとんどの方が使いこなしていると思います。基本的にはリアル書店とはまったくアプローチが違います。ネット書店での本との出会いは、検索（サーチ）と順位（ランキング）と推薦（リコメンド）が中心だということです。

検索（サーチ）は、自分が入れた検索語に関連した本しか表示しません。あの手この手で検索しても、その検索語からはずれた本には出会えないのです。次第に、自分の関心ジャンルの本しかこの世に存在していないのではないのかとさえ思うかもしれません。

順位（ランキング）は、ネット書店の得意とするところです。

いくつも枝分かれしたジャンルごとの順位で、「現在」の動向をつかむことができます。時間単位で更新される順位が、瞬間風速的な世間の関心を反映しています。あまりにデジタルなので、時代の大きな流れを体感することは難しいですが、瞬間的な状況を把握するにはもってこいです。

推薦（リコメンド）は、自分の検索と購入履歴からシステムが自動的に行うものです。この推薦も、自分の関心領域のなかに自分を閉じ込めてしまいかねません。ネット書店のシステムを使い込めば使い込むほど、自分仕様にカスタマイズされるので、自分の殻を打ち破ることが難しくなってしまいます。

文庫の棚、新書の棚、というような概念がありません。その代わり、著者名やタイトルに含まれるキーワードなどの検索結果を一覧することはできます。自分の関心のある分野を狭く深く探し出していくのに向いています。

## ●書評・レビューの見方・捉え方

ネット書店が出てきたときに新鮮だったのは、書籍別の書評、レビューの機能でした。

かつてであれば、本の内容に対する評価は、リアル書店においては書店員がするものであり、新聞や雑誌などのメディアでは評論家が行うものでした。

しかし、ネット書店の出現で、購買現場において読者の評価を参照できるようになったのです。これは画期的なことでした。読書家のなかには、せっせとレビューを書き込み「ベストレビュアー」として選定されることに喜びを感じている人もいるでしょう。

最近はそれが当たり前になっているので、ネット書店で本を探すときにはかならずレビューを読むのではないでしょうか。星の数やレビューの内容を踏まえて、購入するか否かを判断していることと思います。

ここではレビューの見方について少しだけつけ加えようと思います。

それは、「レビューは確認しつつも、1つの参考意見だと捉えるのがいい」ということです。

本には、その本の対象となる読者がいます。当然その反対に対象としていない読者もいるのです。対象となる読者がその本を読めば、評価が高くなるのは当然ですし、対象とならない読者が読めば評価が低くなります。これをわかっていないと、レビューに振り回されて、本来読むべき本を忌避してしまう可能性があります。

たとえば、建築の専門家向けの『建築の歴史』という本があったとします。建築について何

も知らない人が読んだらどうでしょうか。評価ポイントを示す星の数とコメントは、

★☆☆☆☆「文章が硬くて専門用語ばかりで内容が頭に入らなかった」

なんてことになりそうです。専門家が読んだらどうでしょうか。

★★★★★「最新の研究成果を踏まえていてわかりやすい。好著。誰にでもお勧めできる」
★★★☆☆「アジアの様式についての記述が少なくて残念。初心者にはいいかも」

などと評価が分かれるかも知れません。

レビューの評価というのはその人の感想です。そこに書き込んだレビュアーはあなたではないので、あなたが読んだときにどんな感想をもつかはわかりません。様々なレビューから総合して自分の求めている本かを見きわめていくようにしましょう。いずれにせよ、自分で読んでみれば、自分の評価はわかるのです。

「他人のレビューは参考意見。評価は自分が下す」という態度がベストです。

## 古書はとにかくすぐ買え

高校生の頃、『図説中国武術史』（松田隆智著　新人物往来社）という本を探していました。当時、中国武術のことについて一番くわしく、しかも幅広く書かれた本だと紹介されていたからです。

実は当時すでに絶版になっていたため、新刊書店を回ってもみつけることはできませんでした。そこで、はじめて神田神保町の古書店街に行ってみました。

はじめて行ったその日に、何件か回ってみるとある古書店で平積みされて売っているのをみつけました。しかし、あろうことか手持ちのお金が足りず、買えませんでした。新刊書店ではみつからなくても、古書店ですぐにみつかったので、また来たら手に入るだろうとのんきに安心して帰宅してしまったのです。それが大間違いでした。

後日、お金を持って買いに行ったときには、跡形もなくなっていて、それからも運悪く何年にもわたって、手に入れることができませんでした。

新刊でさえ「みつけたら買え」といわれているのです。古書であればなおのこと、

「みつけたらとにかくその場で買え！」

です。

古書店はそれぞれ得意分野があるので、その特徴を覚えて通うといいでしょう。私は神田神保町に行くと仏教や宗教書や歴史を専門としている東陽堂書店にかならず立ち寄ります。棚を端から順番に見ているだけで、楽しい気分になってきます。

全国各地に古書店が集まる地域があります。近くの古書店に顔を出して付きあっていきましょう。店主と知りあいになるところまでいけたら素晴らしいですが、そこまでいかなくても、通うことでその店のポリシーや傾向を理解していくことができます。

最近では、日本の古本屋（https://www.kosho.or.jp/）で、本を検索して購入することが増えました。

私の地元にも平成の頭の頃まで個人経営の小さな古書店がありました。その店では加藤諦三氏の本をみつけては買い集めていたのを覚えています。

## 積ん読の思わぬ効果

買った本はほとんど99％読んでいるという人がいます。

一方で、読みたいと思った本を買うには買うけれども、読むのが遅くて、いつの間にか積ん読になってしまうという人もいます。あるいは、一時的に積ん読状態は生まれるものの、なんとか頑張ってすべて読み切るようにしているとか、読み切るまで新しい本は買わないようにしているという人もいます。

私も長年にわたって積ん読をしてきました。子どもの頃は小遣いも少ないですから積ん読しようにも買えなかったわけですが、大学生になり蔵書は増えていきました。学生時代はそれでも読む時間があったのです。未読の本があったとしてもたかが知れていました。武術の本などは買って読んでいないものはなかったでしょう。

今思えば、積ん読本が爆発的に増えたのは社会人になってからです。

当時の心中の葛藤を反映していたと思います。もともと詩を書いていて、いつか詩集を出してやろうとか、営業の仕事をしているが自分の本当の姿は文学者なのだとか屈折したことを考えていました。

仕事も忙しく時間がないにもかかわらず本を買い続けていきました。やがて交友関係も広がり、付きあいが広がっていき、本を読む時間がなくなっていったのですが、本を買い続けました。今になって気づくのは、私は本を書きたかったのです。そのための資料を集めていたのでした。読み切れない量であることは確かですが、将来、書く本のための資料をコツコツと集めていて、集めた本をもとにして本を書かない限り、それらの蔵書は用済みにならないということだったのです。

私の場合は、そんな経緯もあり、いまだに積ん読がものすごい量になっています。事情は人それぞれです。買って読まない本などないという人も、積ん読し続ける人も、それはそれぞれその人にとってベストなやり方なのです。

実際、私は学生時代に買って読んでいなかった本を、今になって読んで感動しています。今、読めてよかったと思っています。当時読んでも感動しなかったかも知れない本もあるからです。

本を買っては何年も寝かしておいて、人生において最も必要な時期に、最適なタイミングで読む、非常に贅沢な読み方が私にはあっていたということなのです。

## 積ん読もひとつの読書

積ん読というのは意外な効能があります。たとえば書棚にきちんと収納しておきます。すると常に背表紙が見えた状態になります。いつも過ごしている位置から、背表紙のタイトルが常に目に入るのです。タイトルはその本の核心を示しています。

タイトルを読むだけでは、中身を読んだことにはならないというのが普通の考えですが、そうともいえません。まさに日蓮聖人は「南無妙法蓮華経」とタイトルを唱えることが、経典を読むことに勝るという考えを打ち出しました。

タイトルが目に入るだけでも、その本の中身のエネルギーに触れていることになります。中身を読みもしないのに、だいたい書いてある内容が自然とわかっていくということがあるのです。

本のネットワークにつながっていると、読んでいない本の情報も知らず知らずのうちに摂取しているからです。積ん読している本は読んでいなくとも、同じ著者の別の本を読んだら、その積ん読本について言及していたとか、別の著者の別の本がやはり言及していたとか。本の間のリンクと言及が、私たちに情報を送ってくれるのです。

そしてよいタイミングで、自分の腰が上がり、積ん読してあった本に手を伸ばす日がやってくるのです。それは満を持したまさにベストタイミングです。何年もかけてその日が来るのを、機縁が満ちるのを待っていたようです。充実した集中力で読むことができます。

積ん読していることに罪悪感を抱く必要はありません。

「お金を出して買ったのに読まないでいるのはとてももったいない……」

そう思うのかもしれませんが、私たちは公共図書館にある本すべてを読まずにいられます。自宅の蔵書を読まないことと公共図書館の蔵書を読まないことは、本質的には一緒です。

なぜなら、公共図書館の蔵書も私たちの税金で購入したものだからです。お金を出して買った本だから全部読まなければならないことになったら、大変です。それだけで人生が終わってしまいます。

人生を豊かにするために本を読むのであって、本を読まないともったいないから読むのではありません。ベストなタイミングでベストな本を読み、体験と読書を編み上げて、人生を豊かにしていくことが肝要です。

世界には常に万巻の書籍があるのです。頑張ってたくさん読んでも、読めていない本は無限にあります。まったく読めていなくても残りの本は無限にあります。無限の冊数から50冊を引いても、5万冊を引いても、読んでいない残りの本の数は無限なのです。

## 自分のテーマを決めて読む

読書の醍醐味は、ここにあるのではないかと思えるのが、「自分のテーマを決めていくつかの本を読む」ということです。『本を読む本』（M・J・アドラー／C・V・ドーレン著　講談社学術文庫）では「シントピカル読書」と呼んでいるものです。

本を単体で読むのではなく、まさに「本のネットワーク」をたぐりながら自分の知りたいことを複数の本を読み比べて調べていくのです。「本の極私的ネットワーク」をつくりながら調査・研究していく読み方です。

事前にどんなことを知りたいのか、研究テーマを決めて、それに関する本をリスト化したり、あるいはどんどん集めていきます。

ときには書店に行って関連書籍をまとめ買いしてもいいでしょう。ネット書店のカートにどんどん入れていったり、図書館で借りられるものを借りられるだけ借りて読み倒すのです。

自分のテーマにしたがって、知りたいことを調べる感覚で読むので、1冊の本のなかの一部分だけを読むということになることもあります。知りたいことが書いてある部分を探すためにページをめくるとなると、結果として速読と同じような読み方をすることもあるでしょう。速読を身につけるための練習をするよりも、自然に速読が身につけられるかもしれません。

知りたいことが書いてあったら、読みながらノートやパソコン、スマホなどに記録を取って考察を重ねていきます。

メモがたまったら、それを整理して自分の意見をまとめて文章にしていきしょう。その文章は、非公開のドキュメントとして保存することも、ブログやメルマガなどで公開していくこともできます。

読書のアウトプットとしてはこれが自由にできる最大の形式です。

# 読書習慣がつく読書記録

私が子どもの頃に、どんどん本を読みたくなったひとつの理由は、読書記録をつけたことではないかと思っています。小さな4号サイズ（128×182ミリ）のノートに読み終わった本を記録していきました。おそらく母が最初に用意してくれたのではないかと思いますが、今でも持っています。

1冊目は『野口英世』の伝記でした。ノートの1ページ目にひとつの記録しかないと、2冊目を記入したくなります。読まないとそこに記入できません。記入するために次から次へと読む意欲が湧いてきたように思います。

これから読書の習慣をつけたいという人は、読書記録をつけてみましょう。最低限、書名と著者名、出版社名、読了日などがあればいいでしょう。その他の項目は、ご自身でお考えください。記録しておけば、後からいかようにも利用することができますし、読書意欲が高まることは間違いありません。

最近では、読書記録用のアプリがあるので、バーコードから簡単に記録が残せるようです。

そういったものを使ってもいいでしょう。

## 読みたい本がみつかる読書本

手持ちの本は読み尽くしてしまって、他に何か面白い本はないだろうかと思いながらも、何を読んだらよいかわからない、と感じる人もいるでしょう。

その場合は、本そのものや読書を勧める「読書本」や、読書を論じた「読書論」を読んでみるといいでしょう。本書も読書を勧める読書本のひとつです。

それらを読んでいくと、読みたい気持ちが高まるのと同時に、著者の推薦本・紹介本が読みたくなります。そういった本のなかから1冊でも読んでみるといいでしょう。

本書ですでに紹介している誉恵留塾の塾長三木誉恵留さんは、「夢を叶える読書会」という会を毎週開催しています。私もその読書会のサポートをしていて、毎回参加された人が本を紹介し、その内容について意見交換するのを楽しみに聞いています。

三木誉恵留さんは、毎日かならず数時間は読書をするほどの大の読書好きで、読書について

書かれた本も数十冊読んできたそうで、

「読書について書かれた本を読むと、もっと本を読みたくなるんです」

とのことです。

読書論を読んでみると、著者の好きな本の傾向の違いによって、読みたくなる本が違うのも面白いところです。ある著者の読書本を読むと、歴史本が読みたくなり、別の著者の場合、高校の学習参考書が読みたくなる、といった具合です。

身近に読書について語りあう仲間がいなくても、読書本を読むと、気心の知れた友人と再会したような気持ちになり、ますます本を読みたくなります。

## 読書意欲が高まる読書会

読書意欲を高める方法の極めつけは、読書会です。

読書会に参加すると、本について語りあう仲間ができます。だから否が応でも読書への意欲は高まります。うまくいけば、読書会が待ち遠しいと感じるでしょう。仮にそこまでウキウキしなかったとしても、「読書会の日までに読まないといけない」と自分に対する強制力が発動されるので、実際に読むことができます。

縁のできた読書会の主催者やメンバーに、どんな形式でやっているかを聞いて、面白そうだと思ったら参加してみましょう。もしも参加したいと思える読書会がなかったら、主催しましょう。一人でも、仲間とともに主催してもいいでしょう。

読書会は、会によってさまざまな形式があるようです。

● 課題図書を事前に読んできてみんなで議論する
● 課題図書を誰かがまとめてきて発表してから議論する
● 参加者各人が最近読んだ本を紹介する
● お勧めの本を紹介しあう

こういう形式でなければならないということはありません。形式よりも、気心があう人たちと集まって、本について語りあうところに面白さがあります。

『江戸の読書会』（前田勉著　平凡社ライブラリー）を読むと、江戸時代には読書会が盛んに開かれていたことがわかります。ともに同じ本を読み議論することを「会読《かいどく》」といい、儒学の本を読んで身分の上下なく議論することを楽しんでいたようです。それが幕末においては、洋書も同じように読むようになり、海外事情や技術に精通する者も現れ、明治となると自由民権運動の素地にもなったのだそうです。

これは現代にも復活させるべきいい伝統だと思います。本さえ読めば誰でも議論に参加できる読書会は、形式などにこだわらずどこでも開催していくといいでしょう。

ネットで読書会を探せば全国各地で開催されていることがわかります。気心のあうメンバーのいる会をみつけたら、積極的に参加してみてください。

今どきの読書会については、日本最大の読書会を主催している山本多津也氏の『読書会入門人が本で交わる場所』(幻冬舎新書)もお勧めです。読書会の運営ノウハウについても細かく書かれていてとても参考になります。

# 第4章

# 夢を実現させる読み方

# 夢実現の仕組み

## ●夢を定義する

読書と夢実現の関係の前に、夢実現の定義を明確にしたいと思います。

私は夢実現応援家®（コーチ）として、対話を通じてビジネスパーソンや経営者、シンガーソングライターから学生まで幅広い立場の人の夢の実現を応援しています。

夢の実現を応援するためには、夢とは何か、その夢の実現とはどういうことなのかをわかっていなければなりません。ここでは、夢と夢の実現についてまず説明します。


夢には睡眠中に見る夢と、目覚めていて将来の姿やありたい理想の姿を見る夢とがあります。白昼夢や幻のことも夢という場合があります。

夢は語源的には「寝目《いめ》」であり、寝て睡眠中に見るヴィジョンのことを指しています。それが転じて、目覚めているときに未来の姿や、自分のありたい理想的な姿を見ることも指します。

睡眠中の夢も目覚めて見る夢もどちらも夢と呼ばれるのは、両者に共通する特徴があるからです。

## 夢の特徴①：非現実である

まず、どちらも「非現実である」ことがひとつ目の特徴です。

睡眠中に見る夢は、見ている最中は現実であるかのように感じられますが、目覚めると「それは夢だった」と気づきます。つまり「現実ではなかった」と気づくのです。

目覚めて意図して見る未来の姿や理想の姿は、今現在の現実ではないことを理解して思い描いています。現実になってほしいと願うことが、すでに非現実であることを認識しています。

もしも、睡眠中の夢に見たものや将来の夢に思い描いたものが、今現在の現実であったとしたら、それは「夢みたいなこと」という現実です。夢ではありません。憧れの人と実際に会っていたら、それは「夢みたいなこと」であったり「夢見心地」にはなるでしょうが、それでも現実にほかなりません。

## 夢の特徴②：具体的である

2つ目の特徴は、「具体的である」ことです。

夢というと曖昧であやふやなものである印象があるかもしれませんが、どんな夢も具体的です。睡眠中に見る夢が曖昧であやふやなものであると感じてしまうのは、それが瞬時にして変化したり、目覚めると忘れてしまったりするからです。瞬間的に見ている夢は常に具体的です。具体的というのは、なんらか五感で捉えられるような形式を備えているということです。色や形があったり、空間的に把握していたり、時と場合と人によっては、触感や匂いや味を感じることもあるでしょう。白黒の夢といったところで、そこには形があり白黒という色が感じられています。何がしか具体的な要素があるのです。

将来の姿や理想の姿も同じです。大金を稼いで豪邸かタワーマンションに住んで、高級車を乗り回している、という夢を持っているとしたら、豪邸やタワーマンション、高級車の具体的なイメージを思い描いているはずです。高級車の車種は特定できないと思っても、なんらか内装のイメージや外観の断片的なイメージなどを思い浮かべているはずなのです。これも何がしかの具体的な要素を感じ取っているのです。

一切の具体性がない夢はありません。睡眠中に、なんの具体性もない記憶があったとしても、

「昨日は夢を見なかった」

というでしょうし、将来についてなんら具体的イメージも持っていなければ、

「将来の夢なんて特にありません」

というはずなのです。

だから、夢は、わずかであってもかならず何がしかの「具体性」があります。

## ●夢実現へのプロセス

夢が実現することとは、夢が現実になるということです。別のいい方をすれば、夢に思い描いた非現実を、現実にすることです。

「現実にする」というからには、自分の意思がはたらいています。

睡眠中に見た夢ではなく、目覚めているときに自分が思い描いた夢を、現実にしてしまうことです。

この「思い描いた夢」は、夢の内容は「非現実」なのですが、脳裏に思い描いたことはひと

つの事実であり現実です。夢を描いたことは嘘ではありませんので、これを「個人的現実」と呼んでいます。個人的な「妄想」や「夢想」も同じです。個人の内的なイメージは、「個人的現実」です。

「個人的現実」はそのままでは、社会的にも物理的にもまだ現実とは呼べません。

そこで、行動することによって「個人的現実」を、「社会的現実」と「物理的現実」にしていきます。

「社会的現実」とは、他人と共有された事項・事実のことです。初対面同士が、

「ウェブ・デザイナーの島田です」

「不動産開発の営業をやっている橋本です」

と自己紹介したとします。

ここで「ウェブ・デザイナーの島田」、「不動産開発の営業をやっている橋本」という情報が相互に共有されました。まだ職業と名前だけですが、社会の最低単位である「二人」の人間の間でひとつの現実が共有されたのです。これが「社会的現実」の始まりです。

島田さんの職場を訪れ、島田さんの制作したウェブ・デザインを実際に確認し、それはインターネットでも確認でき、そのウェブページを依頼した人にも会ったとします。すると、彼のいっていたことは確固たる「物理的現実」として存在していることが確認できたことになります。

本人の頭のなかにしかないものは「個人的現実」に過ぎません。

それが人と人との間で社会的に共有されれば「社会的現実」です。

「社会的現実」は、複数の人の頭のなかにある「複数人の現実」に過ぎません。物理的世界に根づいていると確認できるとそれは「物理的現実」であるということができるわけです。

夢実現とは、「個人的現実」として思い描かれた夢が、「社会的現実」と「物理的現実」になるということです。

夢の実現のためには、「個人的現実」を変化させ、「社会的現実」と「物理的現実」にしていく必要があります。島田さんの場合は、「私はウェブ・デザイナーだ」と思い、「個人的現実」をつくります。その上で、他人にそのことを知ってもらい「社会的現実」にしていきます。名刺をつくり、実際にウェブ制作の仕事を受注し、納品することで「物理的現実」をつくります。

このように3つの現実を自分の思うような現実にしていくことが「夢実現」なのです。

## 夢実現のプロセスに有効な読書

このような夢実現のプロセスに読書はとても有効です。つまり「個人的現実」をつくるためにも「社会的現実」や「物理的現実」をつくるためにも役立つのです。

たとえば、自己啓発書を読み、やる気が湧いてきたとします。その読書は確実に「個人的現実」を変化させています。

職業の選択にあたって、国際ジャーナリストの仕事について書かれたノンフィクションを読んだとします。ジャーナリストの実際の仕事ぶりについて情報を得、どのように行動すべきかについて明確なイメージが浮かんできます。その結果、「将来、国際ジャーナリストになりたい」と思い、「将来は、海外の紛争地域を取材してピューリッツァー賞を受賞する」という自分の姿を思い描くかもしれません。これは将来像に向かって生きている学生の自分という「個人的現実」が形を取り始めたということです。

洋書を取り寄せて海外情報を英語で読むようになり、ジャーナリストとして必要な英語力を客観的に身につけようと思い、英語検定やTOEICを受験したとします。その過程で英語の学習書を読んだり、問題集を解いたりしていきます。試験の結果が自分の能力を示します。これは能力の公的な認定という「社会的現実」と、授与された認定書という「物理的現実」を生み出します。

「国際ジャーナリストになりたい自分」という「個人的現実」がその他2つの現実を生み出したのです。

やがてフリーのジャーナリストとして、海外の紛争地域に渡ります。

まだ、なんの実績もあげていませんが、現地で取材を始めます。自分は国際ジャーナリストであるというアイデンティティは、まだ「個人的現実」に過ぎませんが、行動していきます。

現地の取材先の人に「国際ジャーナリスト」として認知されていきます。取材をまとめて書いた記事を出版社が買い取ってくれることになると、業界で認知されたことになり、「国際ジャーナリスト」という「社会的現実」が生まれます。

実際に現地の写真を撮り、何枚もの写真が溜まっていき、実際に書いた記事が雑誌に掲載されて、全国の書店にその雑誌が配布され、人の目に触れていきます。これは彼にとっての「国際ジャーナリスト」という「個人的現実」が、ついに「物理的現実」に痕跡を残したということです。

この3つの現実が出現したときに、初めて名実ともに「国際ジャーナリスト」になったといえるのです。

## 5つの夢実現力

「個人的現実」を「社会的現実」と「物理的現実」に展開していくために必要な力があります。それが5つの夢実現力です。

**【5つの夢実現力】**

1. 原動力
2. 俯瞰力

3. 発想力
4. 対話力
5. 実行力

読書によってこの5つの夢実現力を強化することができます。順番に見ていきましょう。

## 1 原動力

### ●読書によって譲れない価値観を明確にする

夢を実現する原動力は、私たちの「やる気の素」です。行動する力の源。私たちが行動する動機のことです。

原動力は、私たちの心のなかにある「譲れない価値観」であり、同時にそれを具体化した「心躍る未来像」です。

自分の原動力が何であるのかを理解している人は、すぐに行動できます。自分の原動力がわからないと、何をしてよいのかわかりません。何をしていても張りあいを感じられなくなるでしょう。

「夢実現の原動力が価値観だって？　いきなり価値観は何かなんていわれても、わからないよ」

そのように感じる人のほうが多いと思います。価値観などというものが普段から明確に言語化されている人は、一度そのことについてじっくりと考えたことのある人か、日頃からそういうことを考えている人だけです。

逆にいえば、じっくりと考えて言葉にまとめることができたら、すぐに明確化されます。自分は何が好きで、何を大事にしているか、を振り返って言語化するだけのことだからです。

しかし、自分が何が好きで、何が嫌いか、何が大事で、何がどうでもいいのかは、人生の経験を積んでいないと明確にはなりません。

食べ物の趣味のようなものです。コンビニ弁当しか食べたことのない人が、見たこともなく、食べたことのない料理について、好きか嫌いかを聞かれても答えられません。

あるいは職に就いたことのない学生が、どんなはたらき方が好きなのかを聞かれても、想像で答えるしかないのと同じです。

人生の各分野に渡る価値観は、自分の体験の幅によって決まってきます。しかし実体験には限りがあります。体験したこと以外は想像するしかありません。本はその実体験の制限を乗り越えさせてくれます。断片的なネット情報は、価値観などを育むには残念ながら向いていません。

本には自分が体験したことのない経験や思考や感情を味わった著者がそれを言語にして記してくれています。私たちはそれを読むことによって著者の体験を擬似的に追体験することができます。それによって、自分が何を大事にし、何を大切に思い、何が譲れず、何を失いたくなくて、何を得たいのかが明確になっていきます。自分の「譲れない価値観」が明確になるということです。

## ●読書で「夢」＝「心躍る未来像」を思い描く

私が夢実現応援家®と名乗って、「お客さまの夢の実現を応援しています」というと、

「将来の夢なんて考えたことありませんよ」

という人は多いです。なかには、

「夢って見ないといけないんですか？」

と不満げにかみついてくる人もいます。あるいは、

「夢のない人に『夢は何か』と聞くことは暴力だ」

といわれたこともあります。

その反応から見えてくるのは、私たちのなかにある「夢」についてのさまざまな思い込みです。

・夢を持っていなければならない
・夢は大きくなければならない
・夢を語れないようではだめだ

そのような強迫観念があるようです。その逆に、

・夢など持っている必要はない
・夢を見るのは子どもじみたことだ
・夢を語るのは恥ずかしい

どちらもあるようで、「夢」を話題にするとこの2種類の思い込みがこんがらがってコンプレックスを刺激するようです。

私はすでに述べたように、非現実で具体的なイメージのことを「夢」と捉えています。今、本来あるべき自分の姿も「夢」ならば、将来のありたい姿も「夢」です。「夢」はそれが好ましいものであるならば、「実現したら素敵なことだ」と考えます。

今、現実でなくても構わないのです。心のなかの「個人的現実」を「社会的現実」と「物理的現実」にしていくために、何をすべきかが大事なのです。

夢を思い描くにあたって、先に述べた「問題」や「課題」を把握することはとても有効です。自分にとっての「課題」の解決した姿が「夢」である可能性が高いからです。

「課題」も「夢」も、いろいろな本を読んでいけばみつかります。世の中にある無数の「問題」が、本のなかでは語られています。そのなかでも自分の心に響く「問題」のなかに、自分の取り組むべき「課題」をみつけることができます。

世界規模で考えてみると、世界の貧困問題や環境問題という「課題」もあれば、難病で苦しんでいる人がいるという「課題」もあるでしょう。それらに心を奪われ、どうしても取り組みたい「課題」であれば、それが解決した状態が「心躍る未来像」になります。

大きな「課題」を思い描くときもあれば、小さな「課題」の場合もあり、それは人それぞれでしょう。

しかし、単なる未来像では、誰も動きません。いても立ってもいられなくなるような「心躍る未来像」であることが重要です。心の躍らない未来像など、誰が実現したいと思うでしょうか？　心が動かなければ、体も動かないのは当然です。

未来「予想」ではないのです。わが心が躍るくらい喜ばしい未来像を「想像」するのです。その実現に向かって行動し、望ましい現実を「創造したい」と心から思える未来像を想い描くのです。

なぜ心躍る「夢＝未来像」を思い描くのか。それは、その実現に向けて行動していくエネルギーが得られるからです。

心躍る未来像を思い描けると、途端に世界が輝き始めるのも事実です。

まさに心が躍ってしまうからです。未来像の実現に向けて、感情・思考・言説・行動が一貫性を持って整い始めるのです。感情・思考・言説・行動に一貫性が出てくると、その心躍る未来像の実現スピードは加速します。

夢を思い描かなければならないのではなく、思い描くと人生が楽しくなり、行動が促進されるというだけのことです。

## 2 俯瞰力

夢を実現するための俯瞰力について見ていきましょう。

読書によって俯瞰力を高めると、

- ●問題意識を育てる
- ●問題を整理し、課題をあぶり出す
- ●認識の枠組みを変える

## ●現実への対処能力を高める

などの効果があります。読書とそれらの効果について順番に見ていきましょう

## ●読書が問題意識を育てる

本はかならずなんらかのテーマについて書かれています。本の数だけテーマがあります。本を読むということは、著者の問題意識に向きあうということです。「本は人だ」というたとえでいえば、

「私は、こんなことが問題だと思っているんだ。その問題の詳細を原因と発生過程とともに説明しよう。さらには、どう解決するかについての私の考えを申し上げよう」

と述べられているようなものです。

それを読みながら、読者は、

「なるほど、そう考えているんですね。納得できるところもあるし、わからないところもあります。私には、別の考えがあるけれど、あなたはそう考えているんですね」

と著者との対話が始まっていきます。

本を読むことで、それぞれの本の問題意識を取り入れていきます。そうして現実に目を移したときに、その問題意識も頭に上るようになります。

たとえばジョージ・オーウェルの『1984年』を読んで、ビッグ・ブラザーによる監視社会の描写を読んだ後で、新疆ウイグル自治区では顔認証システムと連動したCCTV（監視カメラ）が街中に設置されているというニュースを聞いたり、日本でも一人ひとりのパソコンやスマホがハッキングによって遠隔操作されてカメラが起動するという情報を耳にすれば、そこには類似の問題があることに気づくし、社会のあり方について考えるようになるでしょう。便利さと引き換えに自由を失う恐怖すら覚えるかもしれません。

それも、本を通して著者が訴える問題意識を、私たち読者が受け取っているから、ものの見方に変化が生まれているということなのです。

私たちは、本を読んで単に情報を取り入れているのではありません。認識が変化し、ものの見方が変化し、感じ方、考え方が変化していくのです。それが蓄積されて、私たちの行動も変化していくのです。

## ●読書が問題を整理し、課題をあぶり出す

先に本の数だけテーマがあると書きましたが、世界を見渡してみれば、それこそ無限に問題はあります。

問題というからには、解決が期待されるものです。太古の昔から人類を悩ませてきた「なぜこの世界はあるのか」というような大きな問題もあれば、転んで膝をすりむいたので一番近い薬局はどこかというような問題もあります。

本を読んでいくと、無数の問題に出会います。胸を痛める問題もあれば、どうしてこんな問題があるんだと憤りが止まらない問題もあるでしょう。

人によっては、「一切皆苦」という仏教的な諦念に襲われてしまうかもしれません。

しかしやがて気づくはずです。

「とても自分一人ですべての問題を背負えるものではない」

もとより世界は問題にあふれています。たまたま自分の目に触れた問題以外にも無数にあります。地球の反対側で見たこともない人たちが苦しんでいます。自分一人ですべての問題を背負うことなどどだい無理なのです。自分自身が取り組める問題はそう多くありません。

スティーヴン・R・コヴィー博士の『7つの習慣』（キングベアー出版）を読むと、この無数の問題を「関心の輪」と「影響の輪」という2つの輪に分類してみなさいと教えています。無数の問題のなかでも、そもそもその存在も知らず、その存在を知らされても心の動かない問題もあります。それは「関心の輪」の外側に分類されます。

「関心の輪」のなかに入るのは自分が関心を持つ問題です。

たとえば、私にとってミャンマーの民主化をいかに進めるべきか、そして、次世代の民主的政治家の育成の仕方はどうあるべきか、という問題は、非常に興味深い問題です。それについての議論などを聞いてみたいと思いますし、関連する本なら読んでみたいと思います。しかし、私は日本に住む日本人であり、ミャンマーにおいて民主的政治家を育てる立場にあるわけではありません。だからこの問題は「関心の輪」のなかには入るものの、「影響の輪」のなかには入りません。

このように「関心の輪」のなかに入る問題でも、自分が影響をあたえられる問題は限られています。その気になれば関与することもでき、取り組める問題が「影響の輪」のなかに入ります。

たとえば、「国家の教育施策の決定」に関心を持ち、一方で「我が子の学校選び」に頭を悩ませているとします。この場合「国家の教育施策の決定」という問題は「関心の輪」には入りますが「影響の輪」には入りません。なぜなら、その決定に直接関与できないからです。しかし、「子どもの学校選び」は「影響の輪」のなかに入ります。親として子どもの相談に乗り、出資者としてその決定に口を出すことができるからです。

このような分類をしてみると、問題というものは「関心の輪」の外側にも、内側にも、そして「影響の輪」のなかにも、無限にあります。

「無限に問題があるなんて、とっても大変なことだなあ」

そんな風に思うかもしれません。

しかし、自分にとっての「課題」は有限です。今取り組むべき課題は「影響の輪」のなかにあるごく一部の問題だからです。

問題が無限にあるからといって押しつぶされる必要はありません。多くは手の届かない問題であり、同時に手を出す必要のない問題です。しかも、自分の心も動かない問題です。

**自分が取り組むべき問題は何か。**
**自分がぜひとも取り組みたい問題は何か。**

それについてしっかりと分類していけば、自分にとっての課題が明確になるでしょう。本を読んで、無限の問題と出会いながら、自分が取り組むべき課題を探していくことで、人生の課題もみつかります。本を読んで多様な問題と出会うことにより、自分が生涯をかけて取り組みたいと思える課題に出会えるチャンスが広がります。

自分の興味関心のアンテナに引っかかった問題が、取り組むべきかどうかをさらに検討するためには、問題についての理解を深める必要があります。それにはその問題についての本を読むのが効果的です。本腰を入れて取り組むべきかどうかは、何冊か本を読んでみれば、判断がつきます。得られる知識量の深さと時間効率はネットなどから得られる情報のメリットを凌駕するでしょう。

## ●読書が認識の枠組みを変える

本を読んで感動すると、思考が動きます。それによって視野が広がり、認識が変わります。今まで知らなかったことを知ると、あなたの認知の枠組みが変わります。

たとえば、

「日本は国連と戦争をしていたことがある」

といったら、どう思いますか？

「何をいっているんだ、日本だって国連に加盟しているんだから戦うはずがないだろうに」

と思うでしょうか。

『国連の正体』（藤井厳喜著　ダイレクト出版）には次のように書かれています。


国連（国際連合）の英語の名称はthe United Nationsです。英語の名前がInternational Unionなら国際連合という訳でよいでしょう。しかし、国際連合なのに、元の英語はthe United Nationsなのです。何かおかしくないでしょうか。（中略）the United Nationsというのは、そもそも第二次世界大戦で日本と戦った国々の、つまりアメリカやイギリスなどの「同盟の名前」なのです。日本語では、「連合国」といわれていました。


そうなのです。国連は第二次世界大戦のときの「連合国」のことで、名称は戦中と戦後でまったく変わっていません。しかし、日本語表記では「国際連合」と訳されているのです。

著者の藤井氏は「国連イコール連合国である。第二次世界大戦の戦勝国連合なのだ」ということを理解すると、世界の見え方が変わると書いています。

日本が開戦から敗戦までの3年8カ月にわたる戦いをやった敵は、the United Nationsでした。すなわち「国連」なのです。日本は「国連」と戦ってきたのです。外務省が国連という言葉を使うならば、日本は3年8カ月の間、国連と戦ったといっても間違いではありません。国連の軍隊が、広島と長崎に原爆を落としたのです。

国連の空軍が、1945年（昭和20）年3月10日、東京の下町を焼け野原にして、一挙に10万人を殺戮する大空襲を敢行しました。

実際には、その主力であったアメリカの空軍がやったことですが、これは国連がやったといっても間違いではないのです。

そして、戦後、日本は国連に占領されました。アメリカだけに占領されたわけではありません。連合国によって占領されたのです。

『国連の正体』（藤井厳喜著　ダイレクト出版）

ここまで来ると、先ほどの「日本は国連と戦争していたことがある」というのは、間違っていないことがわかると思います。

さていかがでしょうか。

これまで「国連」という名前など気にもしていなかったかもしれませんが、それは第二次世界大戦中の「連合国」を指す言葉だったということを知ってしまいました。すでに認識の枠組みが変わったはずです。

「ええぇ？　それ本当なの？　ガセネタじゃない？」

そんな風に思うかもしれません。これも、思考が動き始めた証です。ご自身で調べてみたくなったかもしれません。国際連合広報センターの日本語のホームページを見ても確かに、26カ国政府の代表が集まって「枢軸国（ドイツ、イタリア、日本）」に対してともに戦うと誓った1942年1月1日の「連合国宣言」が、「連合国」という言葉の初出だと書いてあります。

このように本を読むということは、単に右から左へと知識や知恵が移動するものではありません。私たちは知識や知恵を得て、認識の枠組みが更新されていくのです。そのたびに私たちの行動も変わっていきます。

本を読み終えると、読む前に見えていた世界とはまったく違った世界が目の前に広がっていることに気づくでしょう。本を読むたびに私たちは新しい人に変化していくのです。

その変化は、単に「すばらしい人間になっていく」ことではありません。認識が広がり、世界観を更新し、より一層物事を立体的に正確に捉えられるようになるというほうがふさわしいでしょう。

間違ったことを知ることもあります。それは仕方のないことです。正しいことが書いてある保証はないからです。そもそも現時点で自分が知っていることに間違いがないという保証もありません。

どこにも正解が示されることはないからこそ、さまざまな本を読み、違った角度から知識や知恵を取り入れ、よりよい判断ができるようにと自己を拡張していく必要があるのです。

## ●読書が現実への対処能力を高める

俯瞰力は視野を広げ、現実への対処能力を大きく左右します。

悩みに陥っている人の多くは、視野が狭くなっています。問題にだけ意識が向いており、それ以外の可能性が見えなくなっている場合が極めて多いのです。

だから、

「もうダメだ」

「もう打つ手がない」

と絶望してしまうのです。

視野を広げることができれば、

「他にも方法があるはず」

「まだ間にあうことがあるはず」

「すでに上手くいっていることもある」

と、同じ現実のなかから希望の光を見出すことができます。

そもそも私たちは、自分の視座からしか世界を見ることができません。日本に生まれたら日本人の立場から世界を見てしまうのは当然のことです。新入社員であれば、新入社員の立場から自社を見ることになるでしょう。

しかし、本は自分とは違う立場の視座から見た世界を見ることができます。経営者の自伝や評伝を読めば、経営者から見た会社や世間がわかります。

本を読むことは、自分とは違う意見の人の話を聞き、別人の視座から世界を見渡すことなのです。見ず知らずの専門家があなたに、自分の視界を見せてくれ、とっておきの知見を教えてくれるのです。本を読むことであなたの知見は広がり、視野が広がります。

営業職に就いている人が、商品開発の裏側を描いたノンフィクションや広告エージェントの人が書いた本を読めば、まったく別の視座から商品をかいま見ることができます。

あるいは生物学の本を読むとします（たとえば『弱者の戦略』（稲垣栄洋著　新潮選書））。サバンナで、シマウマ、ガゼル、キリンなど異なる種類の動物が集まって群れをつくって相互に補いあっているということが書いてあります。

・キリン…首が長く遠くを見渡せる
・シマウマ…近くを見ることができる
・ガゼル…音に敏感である

それぞれ得意とする能力が違うことで、遠くにライオンをみつけた1頭のキリンが走り出したり、匂いに気づいたガゼルが逃げ出したりすると、群れ全体が一斉に逃げ出すことができるというのです。

そのような生物の生存戦略を知ったとき、人間社会でもそのような考え方が応用できないだろうかと考えることができます。誰もがキリンのように首を伸ばす必要はありません。近いところが目につきやすいシマウマや、音に敏感なガゼルのように生きてもいいのです。個人の得意な能力を活かして補いあうことは、個人の生存戦略であるだけでなく、組織や集団の生存戦略でもあるのだと気づくことができます。

会社組織では個人の特性を考慮して適材適所の人材配置をしている割にはギスギスした職場もあります。そうかと思えば、たまたま集められた者同士のプロジェクトなのに予想外にみんなが協力しあって成果を上げることもあるでしょう。

サバンナの動物たちは、組織された群れではありません。そう考えたら、自分の所属している組織はどうなっているだろうかと考えてみることもできます。

天文学の本を読むと、遠い将来アンドロメダ銀河と私たちのいる銀河系は衝突するということが書いてあります。しかし、衝突するといっても、星と星とのあいだには何光年、何万光年という距離があるので、実際に星同士がぶつかるわけではないそうです。互いの重力やエネルギーによって、一時的にひとつの銀河となりつつも、やがては通り過ぎていくのだといいます。

これを人に当てはめたらどうなるでしょうか。

「渋谷のスクランブル交差点で、人がぶつからずに四方八方に歩いて行くことに似ているな」

とか、「合併した会社同士で人が交わりつつも、最終的には交わらない人は統合した会社から去って行くものだな」などと気づくかもしれません。

読書はまったく別の業種、職種、国、性別、宗教など、あらゆる分野において自分とは違う視座から見た世界をかいま見せてくれます。意図して、自分の業界とは関わりのない本や、見知らぬ分野の本を手に取ってみることをお勧めします。

結果として知識が増え、新しい思考の仕方を体験し、視野が広がることでものの見え方が変わります。その新しいものの見方を踏まえて、目の前の取り組み課題について考えてみると、新しい解決策を発想することができるようになるのです。

## 3 発想力

### ●読書が新しい発想を生む

時代の変化はますます加速しています。従来の正解は、あっという間に陳腐化していきます。

私たちは、常にもっと新しく効果的なアイデアを生み出す「発想脳」が求められています。

経営コンサルタントの三谷宏治氏は、『戦略読書（増補版）』（日経ビジネス人文庫）という著書のなかで、コンサルティング会社に入って2年も経ったある日の出来事を紹介しています。三谷氏は、自分の存在価値は、常に人と違った視点からユニークな意見を出すことだと自負していました。そのためにあらゆる努力をしていたそうです。

しかし、あるときのミーティングで、不覚にも同僚とまったく同じアイデアを、同時に口にしてしまったそうです。あってはならないことでした。

どうしてそうなってしまったのだろうか、と三谷氏は考えました。過去2年間の生活を振り返ってみると、企業社会を知るために徹底して企業小説を始めとして、同僚たちと同じような本を読み続けていたそうです。

そこではたと気づきました。発想の元ネタが一緒なのです。だから「他人と同じようなことしかいえないツマラナイ人間になってしまった」のだと。愕然としたそうです。

個人の出すアイデアが、常日頃何を読んでいるかで決まるとすれば、誰もが読む新聞を読み、ベストセラーだけを追いかけ、手軽なネットニュースを読んでいれば、通り一遍の、誰もが思いつきそうな意見しか出せなくなる危険性があります。

「発想脳」をきたえるためには、三谷氏がやったように、他人が読まないような本を読み、自分の思考と感性のアンテナに引っかかった情報にアクセスしていくことが必要です。

## ●アイデア創出に有効な読書

新しいアイデアの生み出し方についてもう少し考えてみましょう。

アイデア創出の古典『アイデアのつくり方』(ジェームズ・W・ヤング　CCCメディアハウス)には、新たなアイデアを生み出すために必要なのは、「既存の知識の組みあわせ」だということが語られています。

アイデアを生み出したいジャンルの特殊な知識と、その他の一般的な知識を組みあわせることで、新しいアイデアを生み出せるのです。決して「何もないところからぽんとアイデアが生まれるわけではない」ことが強調されています。ヤング以外の著者による、アイデア創出法について書かれた本を見ても、既存の知識を組みあわせることの重要性が語られています。

本こそ、既存の「一般的な知識」の宝庫です。本を読めば多種多様な知識と出会えます。著者の主張から調査の結果、妄想や空想の類いまで無限ともいえる種類の情報です。

本の体系的な無限の情報と、あなたの「特殊な知識」つまり専門知識、個別の体験、専門家の間の伝聞情報、業界・業種の情報とを組みあわせるのです。そこから新たなアイデアが生まれます。

広告やマーケティング担当者や企画を専門とする人は、このことをわかっているので、常に読書して、新しい知識を得ています。読書を日常の習慣としていれば、新しいアイデアを生み出したいときに、いつでも知識の組みあわせ作業に取り組むことができるからです。

## ●読みながら「アイデアを頭のなかで転がす」

本は、著者の関心のあるテーマについて、著者の主張が書かれています。

私たちは、自分の関心にしたがって本を選び、読み、考察を深めていきます。その本を読むまでは気づくことのなかったテーマや主張、概念などを知ることで、私たちは「本の極私的ネットワーク」を広げていきます。本との出会いが私たちの興味関心領域を広げ、問題意識を広げてくれるのです。その循環が「発想脳」をきたえていきます。

そうやって新たに生まれた問題意識や考え方、意見、アイデア、コンセプトのなかには、心に残り、折に触れては思い出し、その意味を考え続けてしまうものもあります。そのようなものに出会えるのもまた読書の醍醐味です。

一度読んだだけであっても、何度も思い出し、考えることができるということは、何度でもいつまでも楽しめるということですから、とてもお得です。今どきの言葉でいえば、コスパがいいのです。

ときに誰かと話題にし、ときに文章にまとめることで、そのアイデアについての理解が深まり、自分のなかで熟成していくのは、とても楽しいことです。

ちょうど拳くらいの雪の玉をつくってから、ゆっくりと雪の上を転がして大玉に育てていくように、何度も思い出して考え続けるのです。これを、私は「アイデアを頭のなかで転がす」といっています。

そのアイデアと出会った本は、後でどうでもよくなってしまうこともあります。アイデアのほうが大きく育ってしまって、原形をとどめていないということもあるからです。そうなったとしたら、それはそれで有意義なことです。元となった本を読まなければ、その後のアイデアの成長はなかったわけなので、読んだ甲斐はあり、充分に元を取ったといえることだと思います。

## ●本は方法と手段をみつける情報の宝庫

心躍る未来像を思い描けると、いても立ってもいられなくなって行動したくなります。そこではたと考えることになります。

「何をしたらいいんだろう？」

心躍る未来像を実現するための道筋をみつけ、その道を歩むために何をすればいいのか。それをみつけないと行動したくても行動できません。

そんなときに、方法や手段を調べる必要があります。方法や手段をみつけるためには、６つの他力をチェックしましょう。

**【6つの他力】**

1. ヒト
2. モノ
3. カネ
4. 知識・情報

5. スキル・ノウハウ（技術・方法）

6. その他

6つの他力は、自分の夢を実現するために、よそから借りる力を考えるときのリストです。この6つの他力を思い浮かべながら、何か助けになるものを探していくのです。

この6つの他力をチェックするために、ネットを使うことは大いに結構です。しかし、あなたの知りたいことが、すべてネットにあるかというと、そうでもありません。ネットの情報よりも深い情報を知りたいと思ったら、ためらわずに本を読んでみましょう。

特に「4.知識・情報」「5.スキル・ノウハウ」は、本の得意とするところです。

「4.知識・情報」は、ネットの検索でざっと概要を知り、専門知識が必要だということになったら、きちんとした専門家が書いて、何重ものチェックを受けた信頼のおける参考書や専門書を手許において勉強するとよいでしょう。ネットの情報が無料だからといって、間違った情報や曖昧な情報で勉強してしまうのは非常に危険です。

「5.スキル・ノウハウ」については、専門家に直接学ぶとか、しかるべき教育機関というリアルな環境も必要です。そこで推薦された専門書を活用することになるでしょう。

とかく検索性のよさから、なんでもネットで完結させようと思いがちな人は要注意です。あなたの夢を叶えるための情報は、かならずしもネット上に無料で転がっているとは限らないのです。自分自身の夢実現のためには、ネットで調べたら、そこにひと手間加えて、もっとくわしい情報を求めて本を読んでみようと思うことがとても大切です。

## ●99％の問題はすでに誰かが経験し解決策を記している

誰もが自分だけの問題を抱えています。すべて個別の問題です。

問題は人生全般にわたるものから、仕事の選択やキャリア形成についての悩み、現職への取り組み方、個別具体的な案件レベルの課題、方法をどうするか、手段はどうするか、というさまざまなレベルで存在しています。

そして対人関係における問題もあります。

自分に起きている問題であっても、その本質は誰にでも当てはまる問題であることも多いものです。

どんな問題も、すでに誰かが自らの課題とし、著者として本のテーマに取り上げている可能性があります。科学的な著作や普遍的な法則や技術を説く本ならば、著者の抱える固有の問題を普遍的な方法で解決する方法を提示しています。小説の場合は、作家による内面探求の深さによって、独特な感性による解決のあり方を物語の方法論にのっとって提示していることでしょう。

このように、私たちの問題は多かれ少なかれ、なんらかの解決策がすでに本に提示されています。具体的な方法を指南してくれる本もあれば、考えるための理論を教えてくれる本もあります。本を読むことで解決へと近づくことができます。

本の提示した解決策を参考に、自らの意思を持って決断し行動していくことで、その解決策の正しさも検証できるのです。

## 4 対話力

心躍る未来像を実現するためには大概は、他人の理解や協力が必要です。そのために必要なのが対話力です。

自分以外の誰もが自分の敵であったら、叶うべき夢であっても全部邪魔されてしまうでしょう。邪魔されないようにこっそりやるという手もありますが、欲をいえば、他人に理解されて、協力も得たいものです。

理解され、気持ちだけでも応援されれば、実現のために全力を出すことができるでしょう。影で足を引っ張られたり、無理解に苦しむとそれだけでも夢の実現は遠のきます。

そういう意味で、理解と協力を得るためにコミュニケーション能力は欠かせません。コミュニケーション能力の中核には言葉があります。言葉を使う能力を磨く必要があるのです。

言語能力を高めるために、読書はとても役立ちます。

## ●相手の会話を傾聴するつもりで読んでみる

人の話を聞くときに、端から否定してかかるのは得策ではありません。その態度では、あまり得られるものがないからです。たとえば、はじめて会う人だけれども、自分とは意見があわないらしいという事前情報を得ている場合、「きっと反対意見をいうにちがいない」と思い込んで話を聞けば、そのような展開しか起こりません。交渉の場面であれば、決裂して終わりです。何も生み出しません。

仮に「意見があわないだろう」という事前情報があったとしても、一旦判断を保留にすることができれば、相手の真意をもっと深く理解することができます。たとえば、

●相手の真意は何か。
●何を目的にして意見を発しているのか。
●その意見を述べることで何を達成したいのか。
●私の観点との違いは何か。
●相手の前提としているものは何か。
●そしてそれは私の立っている前提とどう違うのか。

対話を通してそんなことを知ることもできるのです。

本も同じです。

はなから意見のあいそうもない本は読まないという選択もできます。特に先入観もなく読み始めて、最初に提示された意見が自分の意見と真っ向から対立するものだった場合、そこで読

むのをやめることもできます。

しかし、読み続けるのであれば、一旦自分の判断は脇に置いて、著者の意見に耳を傾けてみるといいでしょう。右に挙げたようなことを知ることができます。そうすることで多様な価値観に触れることもできます。

繰り返しますが、ネット時代において、自分の意見と違う意見に触れる機会が減少していいます。自分の好みで検索し、ＡＩによって「好みだろう」と予測されたサイトがリコメンドされ、関連する記事ばかりが表示される時代です。

これが発想力と考える力の欠如につながっています。本で、自分の意見とは異なる意見と出会えたらそれは貴重な機会だということです。

著者の主張をそのまま受けとめてみましょう。「和して同ぜず」の気持ちを持っていれば、かならずしもその主張に同意する必要はないのです。著者の意見は著者の意見としてそのまま受けとめ、その上であなたの意見はあなたの意見として持ち続ければいいし、批判したければ批判すればいいのです。

肝腎なことは、自分の意見によって著者の意見をねじ曲げないことです。著者の意見をそのまま受けとめ、それを踏まえて議論を積み重ねていきます。著者の前提が間違っているとか、意見が間違っているという批判は、著者の意見をそのまま受けとめた上で行うべきことだからです。

著者の意見をねじ曲げて理解するクセをつけていると、結局、自分の殻に閉じこもったまま出ていくことができなくなります。己の認識の枠組みを大きくしていくことができないでしょう。

これは、

●思い込まない
●決めつけない
●裁かない

という、対人関係を上手くいかせるためのコツと同じことです。

## ●著者が否定する対象の存在意義を考えてみる

著者が何かを否定しているときに、まず著者の主張に寄りそって、その対象を否定します。それで終わってもいいのですが、その対象の存在意義を考えてみましょう。そうすると、世界の捉え方がより大きくなっていきます。

どうしても否定したい対象がある場合、そのような側面が自分にもあり、それをなんとか否定したいと無意識に思っていることもあります。

意識（自我）が無視したり、否定しているものは、無意識の領域に押しやられてしまいます。無意識の領域のなかに隠されたものは、己の存在を主張し始めると意識を攻撃したり、困らせたりします。

そんなときに意識は、無意識領域に隠された自分の他の側面と対話することができると混乱が収まっていきます。

国会で与党が野党ときちんと話しあいをしたり、経営陣が労働組合としっかり話しあうということと同じです。

私たちは偏った狭い見方に固執し、世界を捉えようとすると無理が生じるものです。ちょうど独裁国家が、言論の自由を弾圧し、自由を求める活動家を逮捕拘留し罰をあたえるようなものです。そのようなことをやっていると、精神の健全な発展は阻害されます。

いろいろな本を読み、多様な思想を理解し、表現力をつけていくと、自分のなかの多様な側面に表現の通路をみつけることができます。

そうすると、自分のなかの感情を爆発させたり、破壊的な行動をしたりしないで済みます。無意識領域にある想いや考えや感覚を言葉によって表現し、建設的な行動に変換することができるからです。

それができないと、体調を崩したり、人間関係を壊したり、人生を破壊してしまったりします。カッとなったときに、適切な言葉がみつからないために、すぐに手を出してしまう思春期の少年や、強力な軍隊を持つ独裁政府が民主化を叫ぶ民衆に銃を向けるようなものです。

もしも彼らが、本を読んで自分の気持ちを言葉にできたら、喧嘩や腕っ節や武力にうったえなくてもよいはずなのです。

## ●読書が表現力を支える「語彙力」を養う

私たちが使う言葉は、私たちが読んだり聞いたりしてきた言葉でできています。読書することにより、豊かな語彙と表現力を身につけることができます。

微細な感情を言葉で表現したり、相手の感情を読み取って言葉で表すことなどは、本を読んでさまざまな表現に触れることで磨かれていきます。

論理的な文章を読んでいれば理路整然と話したり書いたりすることもできるようになります。感受性豊かな小説を読んでいれば、人情の機微を言葉で表現することもできるようになっていきます。

語彙が豊富だと表現力が高まります。知っている言葉が多ければそれだけ、表せる事柄も多くなるからです。

しかし、言葉の数が多くてもその言葉をどんな状況（文脈）で使ってよいかわからないと、言葉が生きなくて困ることになります。

言葉はどんな話の流れのなかで使うものか、どんな文脈で使うものか、どんな場面で使うものなのかとセットで覚えていかないと実際には使えません。

たとえば手紙文で使う言葉を、道ばたで会った人に使うとおかしなことになります。外国語を勉強していて、教科書で学んだ言葉を口頭で使うと、

「その表現は、文章でしか使いませんよ」

と指摘されてしまうことがあります。それと同じように、母語（日本語）でもその言葉がどのような文脈で使われるのが最適かを知らないと、言葉を使いこなせているとはいえません。

だから言葉を増やしたいと思って、単語帳のようなもので単語を取り出して覚えるのは得策ではないのです。使われている現場を体験する必要があるのです。

本には、話の流れがあり、文脈があります。文章に出てきた単語を覚えることができます。まず語彙を増やしたければ、読んだり聞いたりして理解できるという段階にとどまっていて構いません。本で読んだり、実際に使われる場面を経験したりしていくうちに、次第に自分でも使えるようになっていきます。どういう場面で使われたかを肌で覚えていけば使えるようになるのです。

## 5 実行力

どんな夢も実現するための行動が伴わなければ「絵に描いた餅」になるのは目に見えています。何をおいても、最後には実行力がものをいいます。

実行力は、どんな本でも読んだら、活かすことによって強化されます。

本を活かすというのは、本から学んだ知識や知恵を、

- 実生活で試す
- 実生活で使う
- 実生活で応用する

ということです。

特にビジネス書や自己啓発書、実用書という類いの本は活かされてこそ生きる本です。

活かし方については、拙著『いつも「結果」を出す人のアウトプット習慣』（ハート出版）に、

さまざまな方法を述べましたので、そちらもご覧いただきたいと思います。小説ですら活かせる方法が書いてありますので、参考になるかもしれません。

本を読んでも「役に立ちそうな気がしない」こともあるでしょう。そう感じるのも当然です。書いてある通り、そのままを使おうとすると、条件も場面も違うので活かせないことのほうが多いからです。

英会話の例文なども同じです。まるっきり同じ会話の展開を日常生活で期待しても無理があります。その書かれている内容を身につけた後の応用にこそ、その本の伝えたいことがあるのです。

書いてあるそのままを実行するのが現実的でないと感じているのに、その通りにしかしようとしないとすれば、本に書かれたことが真に理解できていないとか、身についていないことになります。

目指すべきは千変万化の応用ができる状態です。それこそ「身についた」状態です。

読書は、読んだことが本当に理解できて、身についてしまったら、今度は逆に、何が活きているのかわからないと感じてしまうはずです。知識がしっかりと分解され消化され吸収されて、まったく自分の肉体になってしまったようなものです。取り入れた知識が、どの本に書いてあって、何と書いてあったかと引用できるような知識は、まだ原型が残っていて消化吸収されずにいるのかもしれません。

## ●成功者のやり方を学べる

立志伝と呼ばれる成功者の自伝や評伝には、私たちの実行力に火をつけるエピソードがたくさん見られます。たとえば『フランクリン自伝』『カーネギー自伝』のように、長らく読み継がれてきた名著も多数あります。スマイルズの『西国立志編』などは、明治時代の青年に少なからぬ影響をあたえたことで有名です。先にふれたプレジデント誌の調査では、「稼ぐ人ほど『自伝・評伝』から教訓を得ている」という結果が出ています。

実行力をつけたいと思ったら、読んでやる気が芽生えたら即実行してみるという気持ちが必要です。恥ずかしいくらい小さなことからでも構いません。

自分らしいやり方をみつけるためにも幅広い読書が役に立ちます。とかく目の前のことにだけ捉われていると、視野が狭くなり、自分らしいやり方などみつからなくなります。過去の偉人や成功者、創業者や経営者の事績をたどってみると、破天荒な決断やその人らしいやり方で成功している例もみつかります。実績を残した人は自分らしいやり方をみつけた人でもあるのでしょう。

特に自己啓発書は行動を変えるために存在します。行動を変えて初めて元が取れるのです。

## 本当に役に立つ「7つの習慣」

意識改革しようと思ったときは自己啓発書が役立ちます。

自己啓発書のなかでも出色なのはやはり『7つの習慣』（スティーヴン・R・コヴィー著　キングベアー出版）でしょう。アメリカ建国以来200年におよぶ自己啓発書・成功哲学書をひもとき、調査した結果、成功している人には共通する7つの習慣があったということでそれをまとめたものとされています。

『7つの習慣』を読むと、それ以降、どんな自己啓発書を読んでも、すべて「7つの習慣」の枠組みに収まって見えてしまうという強烈なフレームワークだと思います。よくできたシステムで、日常的に活用していきたいことが詰まっています。

## 即効性のあるビジネス書

ビジネスとはまさに「ビジー・ネス」で、忙しいものです。次から次へと対応していかなければならず、仕事に必要な知識はゆっくりと吸収している余裕がありません。

慌ただしく日々を駆け抜けているビジネスパーソンにとって、本はどんな存在でしょうか。

・手っ取り早く必要なことを知りたい
・1冊読むのに時間をかけたくない
・一度読んだだけでばっちり理解したい
・読んだそばからアウトプットできるようになりたい
・有用な情報を大量に入れて、大量に発信したい

ずばり、「知識や情報を一刻も早く吸収し、明日の仕事に活かしたい」という感じではないでしょうか。

仕事ですぐに役立つ知識がほしければ、ビジネス書が解決してくれます。ビジネス書はそのようなニーズに応えるべく、簡潔で、コンパクトに、速読しても頭に入りやすいように工夫がなされています。

箇条書きを適度にはさみ、図表を活用して、論旨をわかりやすく提示しています。重要ポイントを太字にしたり、色つきにしたりして際立たせるという工夫も凝らされています。

今まで、

「本を読むのはかったるい」

と思っている人は、ぜひ書店で目についた本を手に取ってみてください。決してかったるいものではないことがわかるはずです。

ビジネス書は、実践してこそ価値のある本です。そのため簡単な構造になっています。ビジネス書を読むための3つのポイントを確認しておくことが大事です。

●対象者

●悩み・困りごと

●解決策

対象となるのは誰なのか、その人々の悩みや困りごとは何か。そしてその本の提示する解決策は何か。この3点を意識しながら読めば、必要な情報を取りやすくなります。

この3つのポイントでメモを取っていけば、本の内容を人に話すのも楽になります。

## アイデアの宝庫・現代詩

現代詩というのは、まさに現代の詩人の書いた詩です。

本来は単に「詩」と呼んでもいいのですが、明治時代の七五調の近代詩だとか、江戸時代以前の漢詩などと区別して主に、日本が戦争に負けた1945年以降の作品をここでは現代詩と呼んでおきましょう。

現代詩は、言語表現の最先端の実験場です。いまだかつて誰も使ったことのないような言葉遣いが詩に表れ、20年も経つと、広告のコピーライティングで普通に見られるようになるといわれます。

だから、四角四面な論理的文章に飽き飽きしている人にはもってこいです。

「ここまで自由に言葉を使ってよいのか！」と目を開かされる思いがするかもしれません。

息の詰まる現実に言葉を使って切れ目を入れて、自由な世界に抜け出すような詩を読むときには、言葉の表面的な意味をたどって面白がることもできますし、その言葉の奥にある詩人の思想に触れることもできます。

読む人によって何重にも楽しめるのが現代詩です。詩人一人ひとりがまったく別の詩的で私的な宇宙を展開しています。自分の波長にあう詩人をみつけることができたら、いつまででも味わっていいたいと思うような世界に会えることでしょう。そしてその自由な世界が特に言葉の発想力を生み出すのです。コピーライティングで斬新な表現を探しているなら、現代詩を読んでみてください。きっときらめく言葉のなかからヒントが得られるに違いありません。

## 社会人向け英語学習本で英語が得意になった話

人生の折々で、本と出会い、行動に力を得てきました。

高校時代は、興味関心が武術に集中してしまい学校の勉強がほとんどできませんでした。2

年生のときの実力テストでは学年で500人弱いた同級生のなかで最下位の成績を取ったくらいです。

ようやく3年生の夏休みになって、そろそろ大学受験の準備もしなければならないという気持ちになりつつ、それまで何も勉強してこなかったので何か勉強をしたくなるきっかけを求めていました。

そんなときに出会ったのが富永直久氏の『英語は電車の中で』（KKベストセラーズ）という本でした。

見開き2ページに展開されたマス目のなかにいくつもの英単語が書かれていて、ページをめくると次の見開き2ページに同じマス目の同じ位置に日本語訳が書いてあるという、英単語を覚える本でした。マス目に大きく単語が書いてある方式を著者は「めくりマン方式」と名づけていました。

とにかく当時現代国語以外ほとんどの科目が知識ゼロの状態でした。英語も1年生からやり直さないといけないと思っていたのです。そんなときに本の裏の「著者自身の広告」と題された内容紹介を読んでわらをもすがる気持ちになったのです。そこには次のように書かれていました。

小学生時代、私は劣等生だった。通知表はいつも、今でいう「オール1」だった。その私を救いだしてくれたのが、ふりがなである。三年生のある日、ふりがなのお陰で1冊の少年講談を読了。以来、私は変わった。

中身を読んでみると、著者は大人になってからこの体験と同じやり方で英語をモノにしたという話が出てきました。

商社に勤めていた著者は仕事で英語が必要であるにもかかわらず、英語が大の苦手だったそうです。あるときたまたま神田神保町の古書店でミッキー・スピレインのハードボイルド小説の原書をみつけます。何の気なしに買って帰り、内容の面白さのあまり、辞書も引かずに読みふけったところ、苦手な英語が読めるようになり、挙げ句の果てに話せるようになり仕事でアメリカ人と交渉するまでにいたったというエピソードが書かれていたのです。

この本を読んだら、私も英語がわかるようになりそうだとワクワクして、やる気が出てきました。1年間の浪人生活の後、大学受験の頃には英語が得意科目になっていました。

# 第5章

# 読書が人生を変える

## 量の多寡よりも数冊の愛読書が人生の役に立つ

現在は、年間の刊行点数を365日で割ると毎日200冊もの新刊が発行されています。年間300冊も読んでいる人は相当の読書家ですが、書籍の刊行スピードからしたら2日分にも満たない数です。残り363日間に刊行された本は当然読めません。

1年に1000冊読んでいるといったら相当な読書量ですが、それでも5日分です。すべての人は毎年刊行される本の99％以上を知らずに終わります。いかに大量の本が出版されているかがわかるでしょう。

しかもこの刊行点数は日本だけの集計です。諸外国における刊行点数を想像してみたら、気が遠くなります。

さらにこれまでに人類が出版してきたすべての書籍を考えてみましょう。世界には名著といわれる古典が無数にあります。翻訳されていない作品も多々あります。

書籍の量は海のようなものです。すべてを読み尽くすことはできず、すべてを読み尽くす必要もありません。一生のうちで読める本の数は限られており、どれだけ価値ある本に出会えたとしても、それは大海の一滴に過ぎません。

むしろそれでいいのです。大海の一滴に過ぎない数冊の価値ある本と出会うことができたらそれで充分です。

読んだ量を誇っても全体のごくわずか。多いの少ないのといったところで五十歩百歩の違いしかありません。

それよりも、量の多寡にかかわらず、どれだけ自分の人生に役立てられたか、世界への貢献に役立てられたか、身近な人への関わりに役立てられたかが大事なのです。

本を読んで人生を変え、世界を変える。あなたの人生と世界を充実させることまでを含めて読書なのです。

## 私の人生を変えた愛読書

一生を通じての愛読書というものと果たして出会えるのかどうか、よくわかりません。しかし、私の場合は、人生の節々で数年間にわたってずっと手元において何度も読む本がありました。それこそ穴の空くほど読み込んでいたのです。

武術に夢中だった高校生の頃は『謎の拳法を求めて』（松田隆智著　東京新聞社）を毎日読んでいました。浪人生の頃は『大学で何を学ぶか』（加藤諦三著　光文社カッパブックス）をそれこそ毎日読んでいました。

社会人になってからは、現在のように著述業が始まる前までは、小説を書いていて、丸山健二氏の『まだ見ぬ書き手へ』（朝日新聞出版）は何度も読み返していました。重要な箇所は空で思い出せるほど読みました。

ここ最近では、マルティン・ブーバーの『我と汝・対話』（岩波文庫）を繰り返し読んでいます。ブーバーは19世紀末の1878年にオーストリアで生まれたユダヤ人宗教哲学者です。1923年に主著『我と汝』を発表。1930年にフランクフルト大学名誉教授となりましたがナチスドイツに追放処分を受け、1938年にエルサレムに移住。第二次大戦を経て1965年に亡くなりました。

ブーバーの『我と汝・対話』に出会ったのは大学時代でした。谷口龍男先生の「現代哲学」についての講義のテキストが『我と汝・対話』だったのです。聴講していて、ブーバーの思想に興味はあったのですが、本自体はきちんと読むことなく放っておきました。それでも、感ずるところがあり、捨てずにずっと取ってありました。

読み始めたのは大学を卒業して30年近くたってからです。夢実現応援家®として活動してきて「対話」ということをもっと突き詰めて考えてみたいと思ったからでした。

ブーバーの文章は、難解だといわれています。一人でじっとしながら読んだら、読み通せないだろう、何か強制力がないと途中で投げ出してしまうに違いない、と思いました。

そこでひらめいたのが、初見で『我と汝・対話』を声に出して読みながら、解釈を加えていく様子をライヴ動画配信することでした。ちょうどその頃に、ライヴ動画配信アプリの存在を知り、何か毎日発信できるようなネタはないかと探していたところだったからです。

そこで2019年の9月から、ライヴ動画配信アプリで読書の様子を配信し始めました。ブーバーの専門家ではない私が、『我と汝・対話』の一節を取り上げ、初見で朗読し、その場で解説を加えることをしていったのです。

1回の配信は1時間半にも及びました。1回につき1ページくらいを読み、そこに書かれている意味をああでもないこうでもないと考え、それを口に出していったのです。これを面白いと思ってくれた人もいて、毎日視聴してくれる人が出現したのはいい体験でした。

3ヶ月くらいそれを続けて、90ページほど読みました。この過程で、難解といわれるブーバーの文章を読み進めるためのコツをつかめました。それ以降は、ライヴ配信はやめて一人で読み進め、毎週月曜日に発行しているメルマガで、その続きを記事にして配信することにしました。

口頭で加える解説は録音でもしない限り消えてしまいますが、メルマガの記事にしたので残るようになりました。記事にするために数行分をじっくり読むので、理解も深まります。

始めは「ライヴ配信」を、のちに「メルマガ」を自分に課すことで、強制力がはたらき、難解といわれる本を読み続ける集中力が高まることを発見しました。

## 人と心から付きあうように本と付きあう

愛読書とは何か、そしてそれはどのように読むものなのでしょうか。

ここでは『我と汝・対話』の考えを敷衍《ふえん》し、本を人と見立てて、人と付きあうように本を読むという、愛読書の読み方を紹介します。

人と付きあうように、といっても、人との付きあいには2つある、とマルティン・ブーバーはいっています。

ブーバーは『我と汝・対話』（岩波文庫）のなかで、人間は、世界に対して2種類の態度を取ることができ、その態度によって世界の現れ方は姿を変える、といっています。

2種類の態度とは、

1. 〈われ-なんじ〉
2. 〈われ-それ〉

という2つの態度です。

〈われ-なんじ〉は、人やものを二人称の存在〈なんじ〉と見て、互いに向かいあい、影響をあたえあう存在として理解しようとし、対話し、関係を持つあり方です。

人に対して〈われ-なんじ〉の態度を取る場合は、まさに心を開きあって対話する二人の人を思い浮かべてください。

物に対して〈われ-なんじ〉の態度を取るとは、ベランダにあるサボテンに「サボテンちゃん、おはよう」と声をかけながら霧吹きで水をやり、サボテンの反応を楽しむ心の持ち方です。

逆に〈われ－それ〉の態度は、近代科学の客観的な態度で観察、分析、評価、利用、取捨選択する態度です。あくまでも冷徹で客観的な視点で、こちらから見ることはあっても、向こうから関係を持たれることはない態度です。

人に対して〈われ－それ〉の態度で接するときには、「こいつは使い物になる」とか「あいつは使えない」と、評価し裁いている状態です。人を人とも思わず使い捨てにするような態度といってもいいでしょう。物に対して〈われ－それ〉の態度を取る場合は、「これはとっておこう。これはもう要らないな、捨てよう」と考えながら、部屋の掃除をしているような意識です。双方向にコミュニケーションを取るわけではありません。

この2種類の態度という考え方を本に対しても適用してみたいのです。

読んでいるうちに引き込まれ、感動し、感銘を受けてしまうと、まさに本を通じてひとつの精神と付きあうかのような感覚になることがあります。何度も読み返したり、同じ著者の他の本も読んでみたくなるのです。やがてその人の思想が自分のなかで同居するような感覚が生まれてきます。これはまさに〈われ－なんじ〉の態度です。人と心からつきあうように本と付きあうという態度です。

一方、利用できる知識が吸収できればそれでいいという本との付きあい方もあります。道具や材料のようなものとして本を扱うのです。それは〈われ―それ〉の態度です。ブーバーによれば、私たちは大概、世界や人に対して〈われ―それ〉の態度で向きあっています。しかし、いつなんどきであっても、〈われ―なんじ〉の態度で真摯に向かいあうことができます。そうすることで、相手はいきいきとし始め、心から交流できるのだというのです。

本との付きあいにおいてこの本と、あるいはこの本の著者と心から対話したいという本に出会えたらそれは幸せなことだと思います。本に対して〈われ―なんじ〉の関係を結べたとき、人生が変わります。それこそが愛読書との付きあい方です。

本と心を通わせ、自分が変化します。本もそれまでとはまったくちがった様相を見せ始め、変化したかのように感じられることでしょう。読む前は、無数にある本のなかの1冊であったはずなのに、読んでいる途中から、かけがえのない1冊の愛読書になってしまうのです。

まさに〈われ〉＝自分と〈なんじ〉＝本とが互いに影響をあたえあい、変化するのです。当然、読んだ自分の人生は変化してしまいます。

一生のうちで、そのような愛読書とどれだけ出会えるか。それが読書生活、そして人生の質を決めることになるでしょう。

## 『古事記』は古代人からのメッセージ

『古事記』も、何度も読み返している愛読書です。

私は夢実現応援の対話（コーチング）とともに、本を出版したい人向けの出版サポート業も行っています。出版企画のコンサルティングや原稿制作のメンタル・サポートを行うのです。

企画から制作までサポートさせていただいた本に『神ながら意識』（矢加部幸彦著　ナチュラルスピリット刊）があります。

この本の制作ミーティングのなかで、著者の矢加部先生からたくさん古神道のことを教えていただきました。そこから親しく読むようになったのが『古事記』でした。

矢加部先生の解説をもって『古事記』を読むと、本文の奥に秘められたメッセージが浮かび上がってくることに大いに驚きました。『古事記』は暗号で書かれているかのようで、読み解く鍵がなければただの物語としか思えません。鍵があれば、宇宙の神秘を解き明かす書だということがよくわかりました。

以来、機会あるごとに読み直しています。再読にふさわしい日本語の古典であるといえます。

古代日本人は世界をどのように捉えていたのかを知ることもできますし、現代を生きる私たちへの古代人からのメッセージを受け取ることもできます。

## さまざまな著者の視座が多角的世界観を育む

読書は、世界を多角的に観られるようになるきっかけをあたえてくれます。

くり返しますが、普段、私たちは自分の視座に張りついて世界を見ています。当然視野に死角もあれば盲点もあります。そもそも視野が狭くなっています。目の前のことに集中すれば、視野は極端に狭くなります。

視野が狭いと、些細なことにも腹も立つし、悩むものです。世界が理不尽で、わけがわからないと思うのも、情報が少なく視野が狭く世界の全体を把握できないからです。

読書は私たちに視野角の外に出ることを可能にしてくれます。世界は「この世界」だけではないことを知ることができるのです。

さまざまな著者の視座を体験するたびに、視座の転換を重ねていきます。そのプロセスで、私たちは視野を広げていくのです。いつしか世界を複数の視座から見ながら立体的に把握できるようになっていきます。

だから、本は読めば読むほど、世界が味わい深くなっていくのです。

視野が広がり多角的に世界を見られるようになると、人間の器が大きくなります。

## 現実を相対化できる読書

本の世界は、この世に多様な世界があることを教えてくれます。これも読書の効能のひとつです。

少なくとも世界中の人がみな別々の世界を思い描いているのだとすれば、75億人分の多様性があるのです。さらにその一人ひとりの心のなかには多様な側面をいくつも抱えているとしたら、75億人に各自の多様な側面の数をかけただけの数の多様性があります。

そうした多様性をぱっと気づかせてくれるのが本です。

大の読書家としても知られる出口治明氏（立命館アジア太平洋大学学長）は、こう書いています。

僕は日本生命という典型的な大企業に勤めていましたが、「よく大企業病にかかりませんでしたね」などといわれることがあります。もし、日本生命の影響を相対的に受けていなかったとしたら、その理由はおそらく、インプットの量が多かったからでしょう。（中略）人、本、旅から大量にインプットした結果、物事を柔軟に見られるようになった。だから僕は、大企業病にかからなかったのではないでしょうか。

（『本の「使い方」』出口治明著　KADOKAWA）

大企業のルールを理解し、適応し、大きな成果を挙げたとしても、思考をそのルールの枠内に留めず、ルール自体を客観視して相対化できていた。そのことを指して「大企業病にかかりませんでしたね」といわれたのでしょう。そうあれたのは、出口氏が大量にインプットしていたからだというわけです。出口氏のインプットは「人、本、旅」だと述べていますが、本も大量に読まれています。

読書の効能は、仕事に役立つとか提案力が上がるとかいう実用的な面ばかりではありません。本を読むことで、現実世界を相対化することができるのです。

それは、読書のプロセスに秘密があります。

子どもの頃に、絵本の読み聞かせをしてもらったり、ファンタジーを夢中になって読み続けた経験のある人にはわかるかもしれません。

本を読んで心から楽しいと思えたときには次のようなプロセスが起きています。

**1. 本に没頭するうちに、周りのことが気にならなくなる**
**2. 本の世界で新しい知と知の枠組みを得る**
**3. 本を閉じると、現実世界が少し違って見える**

これは幸せで良質な読書体験の典型的なプロセスです。本の世界に没頭し、時間も忘れて読みふけっているときには、本の世界はリアルで、もうひとつの現実として体感してしまいます。

本を閉じると、あれだけリアルだった本の世界がそこにはありません。本を読む前には、ありふれた光景だった自分の部屋やこの世界が、以前とは違って見える感覚を得ることでしょう。

読んでしまったら、読む前の世界には戻れません。読書で体験した本の世界のことも、自分にとっては「ひとつの事実」であり「ひとつの現実」だからです。

自分の心のなかに、この世界ともうひとつまた別に「本の世界」ができるのです。

たくさん本を読んでいくと、このような体験を何度もしていきます。1冊1冊の本のなかに、それぞれの別世界がある、ということを体験していくうちに、この世界がたくさんある世界のうちのひとつであるという感覚が醸成されていきます。

出口氏がいう「人、本、旅」はまさに、自分のいる世界を相対化する三大要素だということがわかります。

たくさんの人と出会うことで、人にはそれぞれ別々の物の見方があり、異なる世界観があり、異なる思考をすることを知ります。これは本も同様です。

出口氏は世界各国を旅しているそうですが、土地が違えば文化も違い、習俗も違い、考え方も違う。そういう経験を積んでいけば、自分の住む国の、自分の所属する会社組織も、そういった壮大なバリエーションのひとつに過ぎない、ことが体で理解できることでしょう。

本の世界に没頭すると、現実世界からするっと抜け出すことができます。その結果、現実世界は相対化されていきます。

大人になるということは、社会に適応することです。しかし、過剰に適応してしまうと、別の問題が生じます。過剰適応した者同士がいじめあい、適応の過剰さを競いあうことになります。現代人のストレスやうつの苦しみ、さまざまなタイプのハラスメントなどは、過剰適応の副産物です。

最近、よく聞く「生きづらい」という言葉は、「もうこれ以上過剰に適応できない」という心の叫びではないかと思えてしまいます。

読書は社会からわが身を適度に引き離してくれる効果があるのです。社会が相対化されるのです。それによって私たちはリフレッシュ（再活性化）します。一度本のなかに入り込み、そこから出てくることで、再生するのです。

これは伝統社会のなかにあったシャーマンの儀式のような効果を持ちます。伝統社会の集会で、夜、たき火を囲んで人が集まり、長老が一族の物語を語ります。村人はその物語に耳を傾け、物語の世界に浸ります。そこで語られる人間と動物のドラマや神々の物語、一族の英雄の物語を聞きながら、村人は想像の世界に浸るのです。

やがて、集会も終わり、明日からまたいつもの日常が始まります。物語を聞いた時間によって気持ちが整えられ、リフレッシュした村人は、厳しい現実にまた立ち向かっていくことができます。

ちょっと難しい言葉を使えば、シャーマニズムの儀式は、人々を前述した変性意識状態にするワークショップです。物語の力を借りて、変性意識状態になり、日常的に合意された現実をちょいと抜け出してしまうのです。

物語の世界で体験する変性意識の世界では、新しい知と知の枠組みがあたえられます。異世界での体験が、またこの現実世界での暮らしを活性化させるという仕組みになっています。

読書も、一人で簡単にできるシャーマニズムの儀式だと思って行えば、リフレッシュ（再活性化）効果も期待できます。出口氏のように、現実を相対化する力を得ることもできます。

## 陰陽で読む読書が成功をつくり出す

私たちの生きるエネルギーは、陽と陰で表すことができます。

「陽」は、上昇し拡大しようとするエネルギーです。前進し、攻撃的で、上昇達成するような力強い力です。論理的で知的な力であり、世界を知り支配したいエネルギーです。

これは言い換えるなら「知」の力です。

「知」は、世界を知り尽くし支配しようとするエネルギーです。日本の古語で「しろしめす」という言葉が支配するという意味であるのは、知が支配と関係づいているからです。

一方「陰」は、下降し収縮しようとするエネルギーです。すべてを包み込み、保護育成するようなエネルギーです。愛情にあふれ、感情を受けとめ、命を育み共存したいエネルギーです。

これはいわば「愛」の力です。

「愛」は、世界を抱擁し、包括し、包み込み慈しもうとするエネルギーです。癒やし、守り、育む力です。慈悲の気持ちです。

多くの人は大概、「知」と「愛」のどちらかに偏って日々を暮らしています。

毎日数字と格闘したり、機械の設計などをしている人は「知」に偏り、人のお世話をしている人や接客をしている人は「愛」に偏るという具合です。

本を選ぶときに、普段自分は「知」と「愛」とどちらのエネルギーに偏り、どちらが不足しているのか。どちらのエネルギーを補給したらよいだろうかと考えて、本を探してみると、思いがけず有益な本に出会えます。

たとえばビジネスで成功したいと思って本を読もうとする場合、「知」の力を強化したいと思うことが多いと思います。

とにかく知識をつける、論理力をつける、勉強する、学習することに注意がいきがちです。支配の知、競争の知、戦闘の知、前述した「思考の型」を学ぶという側面が強調されます。その場合「ビジネス戦略」「効率的な仕事術」「圧倒的な発想力」などに関する本を読めば「知」の力を強化することができます。

しかし、「愛」も必要です。知を愛とともに運用することで初めて人間的な知恵に変わるのです。常に、理知的に考えて、どうも部下の気持ちがわからないとか、お客さまとのコミュニケーションがうまくいかないという場合、「愛」の力が不足している場合があります。

ビジネスにおいても、結局は人間同士です。人間の心を知らなければ、お客さまの心をつかむことなどできません。「愛」の心がなければ、本当の意味でのマーケティングなどできないのです。

「愛」の観点からは、一見ビジネスとは関係ないように思える数多ある小説や、文学・芸術に関する本が「感情の型」を学べ、「愛」の力を育むのにはふさわしいものです。

「知」と「愛」と比べてみて、あえて普段使っていないほうのエネルギーを満たす本を読んでみると、心が豊かに満たされるでしょう。

## 楽しめる人生を送るために

最後になりますが、私たちは何のために読むのでしょうか。

「要は、仕事に役立つとか、ビジネスで成功することじゃないですか？」

それもよいでしょう。現代社会は、すべてがビジネスに直結しています。ビジネスがすべてであるかのように思えないこともありません。

では、ビジネスで成功するために読書するのだとしたら、何のためにビジネスで成功したいのでしょうか。

・豊かな暮らしをしたい
・家族との時間を楽しみたい
・仲間と大いに遊びたい

・世界に貢献したい
・人生を謳歌したい

など、突き詰めて考えてみれば、上位目的がみつかります。

では、さらにその上位にある究極の目的は、なんでしょうか。

私にとっては、

## 「全人類の魂とつながって徹底的に楽しむこと」

です。

読書は一見すると孤独な行為です。いつだって読むときは一人です。しかし、すでに見たように、読書は自分だけの「本の極私的ネットワーク」を経由して「本のネットワーク」につながることです。

「本のネットワーク」とは、全人類の英智のネットワークです。全人類の魂といってもいいでしょう。だから「全人類の魂とつながって」という言葉が究極の目的に含まれています。

そもそも物と情報のネットワークを通じて、私たちは影響しあっています。だから全世界の人々が不幸なのに、自分だけは楽しい、ということはありません。自分のみならず、家族も仲間も、世界の人々すべてが楽しんでいれば、なんら屈託なく、誰にも遠慮せず「楽しむ」ことができるでしょう。それが「徹底的に」ということです。

いわば利己と利他が重なりあうところに、読書の醍醐味があり、人生を楽しむ秘訣があるのです。

だから私にとって読書の究極の目的は、「全人類の魂とつながって徹底的に楽しむこと」なのです。

読書は、自ら考える人を育てます。
読書は、対話の道を切り開きます。
読書は、真実の扉を指し示します。
読書は、私たちに勇気を与えます。
読書は、あなたに自由を教えます。
読書は、輝かしい未来を創ります。

激動の時代だからこそ、全人類の魂とつながって徹底的に楽しむために、本を読んでいきましょう。

# むすびに

ここまでお読みくださり、誠にありがとうございます！

「世界中が激動している」

これは今、誰もが感じていることではないでしょうか。世界が同時に激動している今のような時代こそ、一人ひとりが自らの姿勢を安定させるブレない軸やバランス感覚が必要です。私たちは、内面を探求することで自分の軸を発見することができます。これは、夢実現応援の対話（コーチング）の得意とするところです。

自分の軸を見つけられた人は、安定して己の道を邁進することができます。

個人が軸を定めて直進しようとしても、世界が激しく揺れているとき、個人もその波にさらわれてしまうことがあります。そんなときこそ、世界の軸を引き出す必要があります。過去の先人たちが考え、悩み、格闘してきた歴史、思想、哲学、想い。そこにアクセスし、世界のぶれない軸をみつけるのです。

それを可能にするのが「読書」です。

本には、人間のすべてが詰まっているといっても過言ではありません。

大激動の時代だからこそ、本の海のなかに体ごと飛び込んで、その核心に迫り、世界の軸をみつけ出していこうとすることが必要です。

本書をきっかけに、

「もう一度、本でも読んでみるか」

と思う方が一人でも増えたらとてもうれしいです。

本を読み、自分の頭で考える人が一人でも増えていけば、この大激動の時代のなかで、ブレない一群の人々が、その揺れを少しでも緩和してくれるはずだと思うからです。

本書が読書の面白さ、楽しさ、有益さに気づくきっかけとなり、あなたがあなたらしい人生を歩み始めるきっかけとなれたら、これに勝る喜びはありません。それはかならずあなたの世界を変え、夢の実現を加速させることでしょう。その結果、この世界で、幸せを実感しながら生きている人が一人でも多くなることを心より願っています。

本書のご感想やご意見、学べたこと、チャレンジしたことなどをお気軽にご連絡いただけたら、天に昇るほどうれしいです。あなたからいただくメールは、私の活動を支えるエネルギーです。gonmatus@gmail.comまで、ご意見・ご感想・ご要望・ご相談などいただければ幸いです。

あなたの今後ますますのご活躍とご健康とご多幸を心より祈念いたします。

令和3年3月3日

夢実現応援家® 藤由達藏

## 読者様限定
## 【無料】特典動画セミナーの
## お知らせ

本書の理解を深めていただくための無料動画セミナーを用意しました。
3本の無料動画セミナーをご覧いただけます。

❶ 読書と人生を「楽しむ」方法！

❷ 読書と夢実現の秘密！

❸ 一人で読み、仲間と読む！

**下記URLから登録して、ご覧下さい。**

▼

http://kekkyoku.jp/dokusho2021/

藤由達藏 Fujiyoshi Tatsuzo

株式会社Gonmatus　代表取締役。夢実現応援家®。

「人には無限の可能性がある」をモットーに、個人向けに夢実現応援の対話（コーチング）と企業向けには研修や講演を提供するとともに、「魂が悦ぶ®出版プログラム」にて出版を目指す方の指導・支援を行っている。1967年、東京都新宿区生まれ。1991年、早稲田大学第一文学部卒業後、文具・オフィス家具のプラス株式会社に入社。営業や企画業務、新規事業設立などを経験。2009年9月、全プラス労働組合中央執行委員長に就任。組合の専従委員長を務めながら、2010年6月から平本あきお氏のプロコーチ養成スクール（講師：宮越大樹氏）でコーチングを学ぶ。労働組合の活動にコーチングの要素を取り入れ、研修やセミナーを実施。2013年9月、人と組織の夢実現を応援するコーチとして独立。2015年7月、『結局、「すぐやる人」がすべてを手に入れる』（青春出版社）を刊行し、作家活動を開始。2016年9月、株式会社Gonmatusを設立。コーチングを核として、各種心理技法や武術、瞑想法、労働組合活動、文芸・美術・音楽制作などの経験を統合し、対話を8つの位相に分け、3つの質問と3つの技法で、簡単にコーチングができるようになる独自のメソッド「夢実現応援対話技法®」を開発。研修やワークショップなどの各種プログラムを通じて伝授・指導している。

メルマガ「夢が実現するメルマガ」（毎週月曜日）、「やる気湧き出す応援メール」（不定期）等を発行している。

■株式会社Gonmatus　https://gonmatus.ocnk.net/

■藤由達藏オフィシャルサイト　http://kekkyoku.jp/

---

# 人生を変え夢を実現させるための読書術

## 発想脳を刺激するすごい読み方

2021年4月27日初版第一刷発行

著者　藤由達藏

発行人　松本卓也

発行所　株式会社ユサブル

〒103-0014　東京都中央区日本橋蛎殻町2-13-5　美濃友ビル3F

電話：03（3527）3669

ユサブルホームページ：http://yusabul.com/

印刷所　株式会社光邦



ISBN978-4-909249-37-1　C0030

定価はカバーに表示してあります。

落丁・乱丁はお手数ですが、当社までお問い合わせください。